라디오 새로 듣기

라디오 새로 듣기 ＿＿＿

라디오의 탄생과 진화
그리고 대중 매체로서의 라디오

백좌흠

라디오 유물의 사회문화사 연구

경상국립대학교출판부

이 책은 저자 백좌흠 라디오스타박물관 인턴 학예사가
라디오스타박물관이 소장하고 있는 라디오와 라디오 방송 및
기타 라디오 관련 주요 유물에 대해 2023년 4월부터 2024년 6월까지 수행한
연구 결과인 보고서 『라디오스타박물관 주요 유물의
사회문화사적 연구』(라디오스타박물관 2024년 6월 발간)를 기초로 펴낸 교양서이다.

저자의 말

　필자는 라디오스타박물관 인턴 학예사 수습 과정의 과제로 "라디오스타박물관이 소장하고 있는 라디오, LP판, 카세트테이프, 라디오 방송 대본, 라디오를 소재로 한 시집 등 라디오와 라디오 방송, 기타 라디오 관련 주요 유물의 사회문화적 측면에 대한 심층 연구를 수행하여 그 결과를 책으로 발간하고 동시에 이를 대중들과 공유하는 특별전시를 기획하여 개최하는 것"으로 했다.

　라디오스타박물관은 영화 <라디오스타>[2006]의 배경이 되었던 ¬ KBS 영월방송국을 리모델링하여 박물관으로 개관한 곳으로 영화 <라디오스타>의 콘텐츠를 한 축으로 하고 국내외 주요 라디오 수신기, LP판, 카세트테이프 등을 전시하고 실제 라디오 방송 및 방송 기재 체험을 할 수 있는 복합 문화 공간이다.

　이 책은 라디오스타박물관 소장 라디오와 라디오 방송 및 기타 라디오 관련 주요 유물에 대한 필자의 연구 결과로 1. 라디오의 탄생과 진화에 얽혀 있는 사회문화적 의미를 고찰하고, 2. 대중 매체로서 라디오의 정치적 기능을 논의하며, 3. 한국 사회에서 1960년대 라디오 방송 전성시대의 모습과 이후 달라진 라디오 방송의 현주소를 톺아보고, 마지막으로 4. 한국의 시에 나타난 라디오의 이모저모를 살펴본다.

먼저 제1장은 라디오 수신기의 역사를 다룬다. 라디오는 근대 과학기술의 산물이다. 라디오는 전신, 전화와 같은 원거리 통신을 실현하고자 했던 선행 미디어의 기술적 축적 위에 마르코니^{Guglielmo Marconi}의 무선통신 기술을 바탕으로 탄생했다. 그리고 드 포리스트^{Lee De Forest}가 진공관을 개발하면서 소리가 증폭되게 되었고, 트랜지스터는 라디오를 소형화함으로써 라디오의 확산에 기여했다. 여기에 라디오의 네트워크화, 주파수 운영의 법제화, 프로그램의 편성 및 광고와 같은 방송 제도들이 개입하면서 라디오의 발전을 이끌었다.

근대 과학 기술과 제도의 발전과 함께 사회문화적 측면의 발전이 라디오의 발전에 기여했다. 1930년대의 대공황 및 제2차 세계대전과 같은 거대한 흐름의 시대 상황, 그리고 산업사회 이후 도시화와 대중의 출현 등과 같은 사회문화적 현상들이 결합하면서 라디오의 발전이 이루어졌다. 라디오가 대중문화의 확산이라는 사회문화적 현상을 이끌기도 했으며, 사회문화적 양상들이 라디오의 발전과 확산을 촉진하기도 했다.

라디오 수신기의 진화는 광석 라디오^{Crystal Radio}, 진공관 라디오^{Valve Radio}, 반도체 라디오^{Semiconductor Radio} 및 IC^{Integrated Circuit, 집적 회로} 라디오의 순서로 정리된다.

제2장 라디오와 프로파간다는 라디오를 정치적 선전 수단으로 활용했던 사회문화적 현상을 고찰한다. 1930년대 이후 새로운 대중 매체로서 라디오는 정보 전달 및 오락 매체로서의 기능을 넘어 정치적으로 활용되었다. 흩어져 있는 대중을 재결집시키는 '부족의 북'디어 이론가 마셜 맥루언Marshall McLuhan 이 라디오 특성을 비유하기 위해 사용한 용어으로서의 라디오 특성은 프로파간다를 위한 훌륭한 도구였던 것이다. 예컨대 미국 루스벨트 대통령은 대공황 시기 '노변담화'를 통해 국민에게 다가갔다. 나치 독일의 히틀러는 독일 국민 라디오 VE301을 통해 게르만족을 열광시켰다. 1961년 5·16 군사쿠데타로 정권을 잡은 박정희 정부는 정부 정책의 홍보 수단으로 라디오를 이용했다. '농어촌 라디오 보내기', '1가정 1라디오', '전자제품 국산화' 정책 등에 힘입어 라디오가 급속도로 보급되었다. 새벽부터 "잘 살아보세!"라는 구호와 함께 '새마을 노래'를 쩌렁쩌렁 울려대는 라디오 방송은 박정희 정부의 홍보 도구로 활용되었고, 박정희 정부는 라디오를 통해 군사적 현장, 산업 현장, 역사·기억의 현장, 공적 광장인 현장을 국민들과 연결시켜 라디오를 '국가 경험의 매개자'로 만들었다.

제3장은 한국의 라디오 방송과 라디오 저널리즘을 논의한다. 우리나라에 라디오 방송이 시작된 것은 1927년 일제강점기 때였으나, 한국 사회에서 라디오 수신기가 급속하게 보급되고 청취자 대중이 광범위하게 형성되면서 라디오가 우리 사회의 지배적인 매체로 영향을 미쳤던 시기는 라디오 수신기가 국내에서 생산되기 시작한

1950년대 말부터 1970년대 들어 텔레비전의 사회적 영향력이 라디오를 능가하기 시작하던 무렵까지라고 할 수 있다.

한국 사회에서 라디오 수신기가 급격하게 보급될 수 있었던 이유는 먼저 1959년 국내 기업이 라디오 수신기를 생산하기 시작했다는 점이다. 둘째, 정부의 적극적인 라디오 수신기 보급 정책을 들 수 있다. 특히 1961년 군사쿠데타로 정권을 장악한 박정희 정부는 미디어를 근대화 추진을 위한 중요한 홍보 수단으로 인식하고 1962년부터 농어촌에 라디오 수신기 보급을 적극적으로 추진하고 지원했다. 셋째, 라디오 방송 시설이 확충되고 새로운 민간 방송사들이 출현하면서 청취율 경쟁으로 다양한 프로그램이 제공되어 청취자의 흥미를 끌었다는 점이다. 1956년 시리얼serial 형식의 멜로드라마 <청실홍실>은 방송 드라마의 새 지평을 열었고 라디오 방송의 '붐'을 촉발했다.

한국 사회에서 1960년대 초반 라디오 프로그램 제작과 편성의 다양화와 안정화를 통해 라디오가 제도화되면서 라디오 중심의 대중문화가 형성되었다. 1960년대 초 상업방송국이 생겨나면서 방송산업이 확장되었고, 특히 청소년들은 대중음악팝송에 열광했다. 1964년에 등장한 청소년을 대상으로 한 심야방송은 청소년 문화를 주도했고, 유명 심야방송 프로그램의 디스크자키DJ는 청소년들의 우상이었다.

그러나 1990년대 이후 라디오 전성시대는 서서히 마감되고 있었다. 하이파이 오디오가 보급되면서 라디오는 이제 더 이상 음악을 감상하는 최적의 수단이 아니게 되었고, 나아가 카세트테이프나 콤팩트디스크^{CD}를 넣어 작동시키고 걸어 다니면서도 이어폰으로 음악을 들을 수 있는 워크맨이나 디스크맨이 보급되면서 더 이상 라디오만이 사적·개인적 음향기기인 시대는 종언을 고했다. 이어서 MP3 플레이어에 수백 곡의 음악을 저장하여 듣다가 이제는 스마트폰이 MP3 플레이어 기능과 라디오 수신 기능을 갖고 있어 다양한 유튜브 방송에서 원하는 음악을 마음대로 골라 듣거나 스마트폰에 저장된 앱을 통해 언제든지 원하는 음악을 들을 수 있다.

이제는 가족들이 라디오를 중심으로 옹기종기 모여 일일연속극이나 오락방송을 듣는 일은 없어졌다. 오늘날 우리는 손바닥 안에 있는 미디어에서 스트리밍^{streaming}으로 음악을 듣고, IC칩 몇 개로 만들어진 라디오 수신기는 스마트폰에 묻혀 물리적 형태의 라디오는 보이지 않게 되었지만 지금도 팟캐스트^{Potcast}를 비롯한 각종 청취 프로그램은 라디오 방송의 형태를 띠고 있다. 라디오는 시대의 변화에 따라 뒤로 물러나야 했지만 여전히 생명력을 잃지 않고 변신 중이다.

한편 '1960년대 라디오 방송이 어떤 방식으로 어떤 내용의 뉴스를 주로 전달했으며 그것은 저널리즘, 즉 언론의 역할을 다했는가?'라는 논쟁이 있었다. 당시 라디오 방송은 신문에 비해 속보성과 직접성을 주요 장점으로 하는 방송의 속성으로 객관적인 보도를 보장하기 어렵다는 점이 지적되기도 했고, 방송기자는 언론종사자로서 신문인과는 체질적으로 다르다는 인식이 존재하기도 했다. 1966년에는 전파관리법의 개정을 추진하고 있던 주무장관이 "방송은 언론이 아니다"라고 말해 방송이 언론이냐 아니냐, 방송이 언론이 아닌 이유는 무엇인가, 방송이 언론이 되려면 어떻게 해야 하느냐 등의 논쟁을 불러일으키기도 했다.

'방송은 언론이 아니다'라는 말은 방송이 '진정한' 언론이 되어야 한다는 반어적 표현일 수 있다. 이는 라디오 방송 저널리즘이 그러지 못하는 것에 대한 비판이었고 그 비판의 중심은 글처럼 논리적인 주장을 담지 못하는 라디오 저널리즘의 내용과 그 수준의 문제였다.

제4장 한국의 시에 나타난 라디오에서는 라디오를 주제로 한 한국의 다양한 시들의 사회문화적 의미를 살펴본다. 한국에서 라디오가 대중 매체로 자리 잡기 시작한 것은 1959년 최초로 국산 라디오가 생산되고 박정희 정부에 의해 라디오가 급격하게 보급된 1960년대 초 이후이다. 라디오는 한국전쟁 이후 전쟁 복구, 근대화 및 경제성장이라는 시대적 과제를 추진하는 정부의 홍보 수단이기도 했지만, 고단한 삶을 영위했던 시민 대중에게 즐거움을 주고 희망의 메시지를 전달해 주었던 중요한 매체로 추억과 향수의 대상이기도 하다.

라디오를 주제로 한 다양한 한국의 시들이 있다. 김수영 시인은 대중 소비의 대상으로, 박노해 시인은 노동을 강요하는 자본의 수단으로, 박해림 시인은 아버지와 새마을운동에 대한 기억으로, 윤제림 시인은 옛사랑을 떠올리는 그리움으로 라디오를 노래한다. 그 외 장정일, 유하, 김승강, 김형술 시인 등이 읊조리는 라디오에 얽힌 여러 얘기들을 경청해 본다.

　이 책은 라디오스타박물관 주요 유물의 사회문화적 측면에 대한 연구로 전문 연구자를 위한 학술 연구서가 아니라 관람객과 일반 대중이 라디오에 편하게 다가가도록 읽기 쉽게 집필한 교양 도서이다. 따라서 필자는 최근의 연구 성과들을 제한된 지면 안에 효율적으로 엮어 보려고 노력했고, 그중에 탁월한 논의는 과감하게 받아들였다. 이러한 원칙에 따라 본문 서술에서 하나하나 전거典據를 대는 것이 번거롭다고 생각하여 각주를 원칙적으로 생략했다. 각주는 글 읽기의 흐름을 방해하기도 한다. 대신에 추가로 설명이 필요한 부분은 가능하면 본문에서 괄호 안에 넣어 기술했고, 더 깊은 이해를 필요한 사람들을 위해서는 길잡이로 책 말미에 중요한 참고문헌을 소개했다.

　이 책이 항상 우리 가까이에 있으나 각별한 의미를 두지 않았던 라디오에 대한 호기심과 관심을 유발하고 라디오를 통해 세상과 소통하는 새로운 계기가 되기를 기원해 본다.

　한편으로 라디오스타박물관에서는 필자의 '라디오스타박물관 주요 유물의 사회문화적 측면에 대한 심층 연구'를 대중들과 공유하기 위한 첫 번째 시도로 2023년 12월 22일부터 2024년 2월 25일까지 〈시인의 라디오〉 기획전을 개최했다. 그리고 2024년 기획전으로 〈한국의 라디오 방송 전성시대〉, 〈라디오와 프로파간다〉 및 〈라디오 인문학 파티〉를 차례차례 개최할 계획이다.

특히 2024년 세 번째 기획전 〈라디오 인문학 파티〉를 위해서 라디오스타박물관은 2023년 기획전 〈시인의 라디오〉에 김수영 시인의 시에 나오는 금성 A-504 라디오를 출연해 준 고동석 라디오 수집가, 1,000여 점의 라디오를 소장하고 있고 『라디오 탐심』을 출간한 김형호 라디오 수집가 등 한국의 저명한 라디오 수집가들과 함께 '영월 라디오 포럼'을 결성하고자 한다. 〈라디오 인문학 파티〉 기획전에서는 포럼 참여자들이 자신이 소장하고 있는 대표적인 라디오 2~3점씩을 출연하여 전시회를 개최하고, 전시 기간 중 매주 금요일 저녁에 진공관 라디오, 붐 박스 라디오 등으로 라디오 방송을 실제로 들으면서 라디오에 관한 다양한 인문학적 얘기를 나누고 라디오를 더 가까이에서 더욱 친밀하게 공유할 수 있는 방안을 모색해 보고자 한다.

2024. 4. 26.
라디오스타박물관에서
백좌흠

차례

제4장.
한국의 시에
나타난
라디오

라디오 수신기의 역사

  라디오는 실시간으로 작은 지역, 한 나라 전체 또는 전 세계에 빛의 속도로 음성을 전달하는 첫 대중 매체였다. 라디오는 먼저 귀로 들을 수 있는 소리를 마이크Mic., microphone 등 장치를 이용해 전기신호로 변환하고, 이렇게 만들어진 음성 전기신호를 다시 멀리 떨어진 장소로 보낼 수 있는 전자기파로 만드는 방법을 발명하면서 인류 역사와 함께하게 되었다. 라디오의 등장은 문자와 활자의 발명 이후, 인류 커뮤니케이션 역사의 새로운 장이 열린 큰 사건이다. 라디오는 기술적으로 단방향의 통신 네트워크이지만, 수신기를 소유하거나 라디오 소리를 함께 들은 불특정 다수가 같은 내용을 공유했고, 전달된 내용을 바탕으로 사회여론이 형성되었다.

  라디오 송신기의 역사는 AMAmplitude Modulation, 진폭 변조, FMFrequency Modulation, 주파수 변조, DABDigital Audio Broadcasting, 유럽 디지털 라디오 방식, IBOCIn Band On Channel, 미국 디지털 라디오 방식, DMBDigital Multimedia Broadcasting, 한국의 독자적 디지털 라디오 방식 등의 전송 방식이 나오면서 지속적으로 진화했다. 라디

오 수신기의 진화는 연대순으로 나열해 보면 광석 라디오^{Crystal Radio},
진공관 라디오^{Valve Radio}, 반도체 라디오^{Semiconductor Radio} 및 IC^{Integrated}
^{Circuit, 집적 회로} 라디오의 순서로 정리된다.

　현재 우리는 이른바 다매체 환경이라고 표현되는 21세기 미디어
홍수 속에 살고 있다. 한편으로 오디오, 비디오, 문자, 사진 등이 수
동적 또는 능동적으로 결합해 사용자에게 한꺼번에 많은 양의 정
보를 전달한다는 의미의 멀티미디어가 존재한다. 다른 한편으로는
같은 시각, 같은 장소에서 소비자가 인지하고 선택할 수 있는 미디
어가 다수 존재하는 다매체 환경이 있다. 현대 미디어 회사들은 공
통적으로 소비자 개개인이 24시간 한정된 시간을 얼마나 해당 사
업자의 콘텐츠를 더 소비하게 만들 수 있는가에 열중하고 있다. 대
부분의 사람들은 동시에 1개 이상의 게임, 음악이나 영화를 즐길
수 없다. 이러한 사실을 숫자로 보여 주는 것이 음반 차트, 시청률
등의 지수다. 라디오도 청취율에서 자유롭지 못한 매체다.

　21세기 인류에게 주어진 다매체의 대표적인 사례는 아마도 구글
^{Google}의 유튜브^{Youtube}일 것이다. 유튜브에 올라온 상당수의 비디오
는 뮤직비디오와 팟캐스트^{Podcast}의 현장 녹음 비디오를 포함하고
있다. 그렇다면 이 비디오를 본 소비자는 음악을 들은 것인가? 아
니면 팟캐스트나 라디오 토크쇼를 본 것인가? 영역의 구분이 모호
해진다. 과거의 틀, 음악, 영화, TV, 라디오의 그 어떤 것으로도 분
류가 명확하지 않지만 이들 자체는 크게 비디오로 통칭되며, 사용

자의 시간이란 파이를 먹어 치운다. 이들 매체가 무수히 많은 스트리밍으로 존재하면, 마치 무수히 많은 채널이 동시에 사용자에게 제공되는 것과 같은 효과가 있다.

우리는 흔히 유튜브나 각종 국내 음악 포털 서비스가 제공하는 개별 VOD^{Video On Demand}, AOD^{Audio On Demand}가 단순히 스트리밍 서비스인지 아니면 개별 콘텐츠 각각이 검색되는 채널인지는 생각해 보지 않을 것이다. 1억 개의 비디오가 올라와 있는 온디맨드 스트리밍 서비스는 1억 개의 TV나 라디오 채널과 같은 효과를 갖는다. 소비자가 각자 같은 시간에 선택할 수 있는 개별 콘텐츠의 수는 TV나 라디오의 채널 수와 같은 개념의 것이다.

오늘날 우리는 모든 걸 손바닥 안에 넣는 미디어에 익숙해져 있으며 주로 스트리밍^{streaming}으로 음악을 듣는다. IC칩 몇 개로 만들어진 라디오 수신기는 스마트폰에 묻혀 이제 본래 모습을 알기 어렵다. 물리적 형태의 라디오는 보이지 않지만, 지금도 팟캐스트를 비롯한 각종 청취 프로그램은 라디오 방송의 형태를 띤다. 라디오는 시대의 변화에 따라 뒤로 물러나야 했지만 여전히 생명력을 잃지 않고 카멜레온처럼 변신 중이다. 근대 과학기술의 산물인 라디오 수신기의 탄생과 진화된 라디오 수신기 각각의 특성과 사회문화적 의미를 하나씩 차례차례 살펴보자.

라디오의 탄생

♪ 라디오 전사(前史): 전신과 전화

라디오가 지구상에 출현한 것은 1900년대 초이지만 어느 뛰어난 발명가에 의해 갑자기 탄생한 것은 아니다. 라디오는 전신, 전화와 같은 원거리 통신을 실현하고자 했던 앞선 미디어의 기술적 축적을 바탕으로 한다.

미국인 새뮤얼 모스Samuel F. B. Morse, 1791~1872는 1832년 아내가 위독하다는 소식을 편지로 늦게 받아 아내의 임종을 보지 못한 것이 두고두고 안타까워 어떻게 하면 멀리 떨어진 곳에서도 소식을 빨리 주고받을 수 있을까 하는 생각에 골몰했다고 한다. 그는 전기를 이용한 통신 기술에 대한 연구를 시작한 지 5년 뒤인 1837년에 모스부호*를 활용해 전신을 주고받는 실험에 성공했다.

1843년 모스는 미국 의회의 지원을 받아 미국 워싱턴과 볼티모어 사이의 64킬로미터를 잇는 전신선을 가설하게 된다. 1844년 5월 1일 모스는 볼티모어에서 열린 휘그당 전당대회 결과를 워싱턴에 전신선을 이용해 타전했다. 이는 볼티모어발 증기기관차에 실려 64분 뒤에 도착한 문서의 내용과 정확히 일치했다. 모스는 이로써 전기가 말이나 배, 기차 같은 물리적 수단보다 정보를 빨리 전

---

* morse code, 긴 신호는 선으로 짧은 신호는 점으로 표시하고 그것을 다양하게 조합하여 각 문자와 숫자에 할당한 것

22

달할 수 있음을 입증했다. 당시 그 역사적인 순간을 기념하기 위해 처음으로 전송된 메시지가 바로 "신이 만든 것What hath God Wrought"이라는 유명한 문장이다.

전신은 이후 미대륙을 동서로 연결했고, 해저케이블을 통해 대서양을, 그리고 유럽과 아시아를 가로지르는 전신 시스템이 1865년에 완성되어 말 그대로 동양과 서양, 전 세계가 연결되었다. 전기통신은 "많은 정보를, 보다 빠르게" 전달할 수 있었기 때문에 원거리 통신과 관련한 일상에도 여러 변화를 가져왔다. 전신을 이용한 문서 배달 서비스인 전보telegrams가 등장해 전 세계 사람들이 활용하는 생활의 한 부분이 되기도 했다. 나아가 전신은 철도와 결합하면서 수송철도과 커뮤니케이션전신 양자의 통합을 가능하게 했다. 전신은 19세기 후반의 주요 커뮤니케이션 수단으로 자리 잡으면서 공간을 축소시키는 효과를 거두었다. 정보나 메시지는 과거와 같이 물리적 수단에 의해 운송transportation되는 것이 아니라 전신을 통해 전송transmission되게 된 것이다.

전신이 부호를 원거리에 전달하는 시스템이라면, 전화는 소리를 원거리에 전달하는 커뮤니케이션 시스템이다. 소리를 전달한다는 측면에서 전화는 라디오의 주요한 선행 미디어이다. 전화는 스코틀랜드 출신 미국인 알렉산더 그레이엄 벨Alexander Graham Bell, 1847~1922이 1876년 발명한 것으로 알려져 있다.

"왓슨! 이리 와서 나 좀 보게. Mr. Watson! Come here. I want to see you."

1876년 어느 날 전화를 연구하던 벨이 발신기에 대고 조수 왓슨에게 건넨 첫 마디였다. 그 말을 하고 나서 얼마 지나지 않아 기적처럼 왓슨이 벨 앞에 나타났다. 이전까지는 실험을 하면서 아무리 불러도 온 적이 없었다. 지하실과 2층 연구실 사이 거리가 멀었으므로 벨이 부르는 소리를 그가 직접 듣고 왔을 리는 만무했다. "자네 어디 있었나? 내가 부르는 소리가 들렸나?" "네, 똑똑히 들렸습니다." 인류의 역사를 바꾼 물건, 전화기가 탄생한 순간이다.

벨이 처음부터 전화기를 만들려고 했던 것은 아니다. 벨 집안 사람들은 할아버지 대부터 청각장애인의 발음 교정을 돕는 교사로 활동했다. 게다가 벨의 어머니와 아내가 모두 청각장애를 갖고 있었다. 이렇다 보니 그에게는 청각장애인들이 처한 상황을 개선하는 것이 평생의 관심사였다.

벨의 생각은 단순했다. 만약 우리가 귀로 듣는 소리를 다른 형태의 신호로 만들어 전달하고 이를 다시 소리 신호로 재현할 수 있다면 소리를 멀리 떨어진 곳으로 전달할 수 있겠다는 것이었다. 이렇게 하면 자신의 아내와 같은 청각장애인들을 오랜 침묵의 감옥에서 벗어나게 할 수 있으리라 생각했다.

전화기의 원리는 간단하다. 먼저 우리가 다른 사람이 하는 말을 듣게 되는 원리는, 우리의 입에서 소리가 나오면 공기를 매개로 파동이 만들어지고 그 파동이 듣는 사람의 고막을 두드려 음성 정보로 바뀌는 과정이다. 소리는 공기를 타고 전달되지만, 전화는 공기가 아닌 전기신호를 타고 전달된다는 것이 다를 뿐이다. 물론 전기로 전달된 신호를 다시 소리 신호로 바꾸는 역과정이 추가된다.

벨의 전화 발명은 물리적 세계에 속한 목소리를 처음으로 전기에너지로 바꾸는 성과를 이뤄 냈다. 인류는 목소리를 전기로 만들어 가상의 공간에 잠시 보냈다가 다시 불러내는 기술을 처음으로 실현했다.

전화기를 제대로 된 물건으로 재탄생시킨 것은 토머스 에디슨 Thomas Alva Edison, 1847~1931의 공로다. 에디슨이 생각하기에 벨의 전화기는 음질을 개선하지 않으면 무용지물에 불과했다. 에디슨 전화기는 탄소 입자의 접촉 저항이 변화하는 것을 이용하여 말하는 이의 음파를 전류로 바꿀 때 신호 세기를 증폭한다. 에디슨 전화기는 벨이 만든 전화기보다 훨씬 먼 거리에서도 통화를 할 수 있었다. 통화 품질을 높이는 데는 탄소를 사용한다는 발상의 전환을 한 덕분이었다. 에디슨은 탄소판을 음성 진동판과 고정 금속판 사이에 끼워 놓았다. 그리고 음성 진동판의 진동에 의해서 일어나는 아주 작은 압력의 변화가 금속판으로 전달되기 전에 사이에 끼워진 탄소판의 전기 저항에 큰 변화를 일으키도록 만들었다. 음성의 작은 변화를 전류 신호로 바꾸면서 증폭시킬 수 있게 만든 것이다.

전화는 발명 당시 전신의 이미지정보 전달를 가지고 있었지만, 인간의 목소리를 직접 전달한다는 독특한 성격을 가지고 있었다. 이러한 특성을 바탕으로 전화는 원시적인 라디오의 형태로 활용되기도 했다. 실제로 초창기 전화는 멀리 있는 누군가와 대화를 나누거나 연락을 취하기 위해서도 썼지만, 음악을 듣거나 뉴스를 전파할 때도 썼다. 미국에서는 1892년 대통령 선거 무렵부터 선거 속보가 전화로 중계되었고, 20세기 초까지도 뉴욕 중심가 곳곳에 설치된 공중전화 부스에서 음악을 듣거나 최신 뉴스를 듣는 사람을 자주 볼 수 있었다.

한 놀라운 사실은 20여 년 동안 전화를 통해 일상적인 방송을 한 네트워크가 한창 전화가 보급될 당시 유럽에서 가장 번화한 도시 가운데 하나였던 헝가리 부다페스트에 존재했다는 것이다. 부다페스트의 '텔레폰 힐몬도Telefon Hirmondo'는 티바달 푸쉬카수Tivadar Puskas, 1844~1893라는 헝가리인 과학자가 1893년에 시작했고, 그가 죽은 뒤에도 계속 발전하여 1차대전까지 20년 넘게 매일 정치·경제·스포츠 뉴스나 강연, 연극, 음악회, 낭독 등의 프로그램을 마자르어*로 전달했다. 주 고객은 호텔, 커피하우스, 병원 등 사람들이 많이 모이는 장소를 제공하는 업체들이었다.

이처럼 전화는 1880~1890년대에 걸쳐 원시적 라디오의 기능을 수행했다. 음성을 통한 정보를 다수의 사람들에게 전달하는 기능을 수행했다는 점에서 초기의 전화는 라디오 전사prehistory와 깊은 관련을 가지고 있다.

---

* 헝가리를 중심으로 동유럽 등지에서 사용되는 우랄어족 최대의 언어

§ 마르코니 무선전신: 라디오 원천기술

전신이 황금기를 구가하고 있던 1800년대 후반, 한편에서는 지구를 떠도는 전파를 가로채 신호를 실어 나르는 새로운 원거리 통신 체계인 무선전신 기술이 태동하기 시작했다.

전파는 우주가 탄생하던 순간부터 존재했지만 19세기에 들어와서야 마이클 패러데이Michael Faraday, 1791~1867, 제임스 클러크 맥스웰James Clerk Maxwell, 1831~1879, 하인리히 헤르츠Heinrich Hertz, 1857~1894 같은 위대한 물리학자들이 그 존재를 증명하면서 활용할 수 있는 길이 열렸다.

1865년 스코틀랜드의 물리학자 제임스 클러크 맥스웰은 눈에 보이지 않지만 기존의 다른 형태의 전자기파가 존재하며, 이것은 적외선, 자외선, 가시광선 등과 유사한 움직임을 보일 것이라고 주장했다. 이보다 앞서 영국의 물리학자 마이클 패러데이는 전기가 흐르는 전선 주변에 자기장이 만들어지는 것을 보고 전기 작용이 전선 밖으로 어떤 힘을 만들어 내고 있다고 생각했다.

전파의 존재를 최초로 확인한 것은 독일 물리학자 하인리히 헤르츠였다. 헤르츠는 1887년 독일 본Bonn의 연구실에서 두 개의 금속 코일에서 정전기를 발생시켜 전선 없이 공기를 통해 전기신호를 전달하는 실험에 성공했다. 유도코일의 출력 단자 틈새에 불꽃을 일으키면 멀찌감치 떨어진 고리 모양의 다른 도선에서 전기가 발생하는 현상을 관찰한 것이다. 맥스웰이 주장했던 가설인 '공중을 가로지르는 파동'의 존재가 확인된 순간이었다. 헤르츠는 이 파동을 '헤르츠파'라 이름 붙였는데 이것이 바로 전자기파, 즉 전파이다.

헤르츠가 전파를 발견한 이후 많은 과학자들이 전자기파를 이용해서 무선통신을 할 수 있는 방법을 연구하기 시작했다. 이 연구에서 가장 성공을 거둔 사람은 이탈리아 물리학자 굴리엘모 마르코니Guglielmo Marconi, 1874~1937였다. 마르코니는 무선전신을 발명한 공로로 1909년 노벨상을 받았다.

어려서부터 과학과 전기에 관심이 많았던 마르코니는 10대 시절부터 집 다락방에 장치를 마련하고 실험을 했다. 그의 목표는 전선을 이용하지 않고 전파를 이용하여 원거리에서 모스부호를 주고받아 무선통신을 가능하게 하는 것이었다.

최초의 실험 도구는 헤르츠가 발명한 불꽃 파동을 생성하는 발진기發振機와 수신장치였다. 전신기의 자판을 누르면 길고 짧은 신호가 발생하도록 했고, 수신장치에서는 수신한 신호의 길이를 이용하여 종이 위에 점과 선을 그려 넣도록 했다. 마르코니는 1894년 드디어 전자기파를 송수신하는 장치를 개발했다. 유선wire이 아닌 무선wireless 시스템이 일련의 과학적 성과를 바탕으로 탄생한 것이다.

실험에 성공한 마르코니는 이탈리아 정부에 특허를 출원했으나 여의치 않자 2년 후 1896년 영국 정부로부터 무선전신wireless telegraph 특허를 얻었다. 영국 정부는 중상주의와 많은 해외 식민지의 경영을 위해 효율적인 통신체계 수단으로 마르코니의 무선전신에 관심을 갖고 마르코니의 작업을 후원했다.

마르코니는 1899년 도버 해협에 영국과 유럽 대륙을 잇는 무선전신을 설치했다. 1901년 12월에는 대서양을 횡단하는 무선통신에 성공함으로써 세계의 주목을 받았다. 한편 마르코니는 1897년 마르코니 무선전신회사를 설립했고, 이어 1899년 미국에 '아메리카 마르코니 무선전신회사'를 설립해 대서양을 횡단하는 무선통신 사업을 진행했다.

마르코니의 실험 이후 그때까지 '헤르츠파'로 불렸던 전파는 다른 이름으로 불리게 된다. 전기장 혹은 자기장의 진동을 통해 생겨난 보이지 않은 파동이 대서양을 건널 정도로 강력한 것임이 밝혀짐에 따라, 강력하게 '외부로 퍼져나가는radiated' 파동이라는 의미의 '라디오radio'라는 명칭을 점점 더 많이 사용하게 된다. 따라서 마르코니의 무선통신은 라디오전신radio telegraph이라고 불리기도 한다.

마르코니의 무선전신이 그 자체로 라디오인 것은 아니다. '무선전신wireles telegraph'이라는 용어 그대로 모스부호를 무선을 통해 전달하는 것이다. 하지만 케이블로 이어져야만 했던 유선전신에서 선 없이도 전달되는 무선전신 시스템은 원거리 통신의 새로운 세상을 제시했고, 다양한 활용 가능성을 갖고 있었다. 무선전신은 라디오의 원천기술인 것이다.

♪ 페센든, 세계 최초의 방송 실험

모스부호를 무선으로 송수신하는 것에서 시작된 무선통신은 과학자들과 발명가들에게 또 다른 욕망을 불러일으켰다. 모스부호가 아니라 인간의 음성을 무선을 통해 전달하기 위한 작업이다. 음성과 음악을 세계 최초로 무선을 통해 내보낸 사람은 레지널드 페센든Reginald A. Fessenden, 1866~1932이다. 1906년 크리스마스 전날 밤, 페센든은 자신이 개발한 발전기와 마이크를 이용해 바이올린을 연주하며 노래를 불렀고, 이를 대서양을 향해 무선으로 내보냈다. 모스부호가 흘러나와야 할 수신 이어폰에서 음악과 음성이 흘러나오자 선박의 무선전신원들은 놀랄 수밖에 없었다.

페센든의 실험은 세계 최초의 '방송'이라는 의미를 갖는다. 무선전신이든 유선전신이든 전신은 하나의 지점에서 또 다른 지점으로 정보나 메시지를 전달하는 통신telecommunication이었다. 이에 반해 페센든의 실험은 메시지를 하나의 지점에서 광범위한 지역에 내보내는 행위였다. '광범위broad하게+던지다cast'라는 의미의 '방송broadcasting'을 한 것이다. 물론 초기 실험이었기에 소리가 작고 끊기기는 했으나 인간의 목소리가 최초로 바다를 향해 '방송'되었다.

♪ 포리스트, 3극 진공관 발명과 라디오 방송 시도

전신 대신 음성을 무선으로 전달하고자 하는 실험이 이루어지던 동시대에 한편에서는 소리를 증폭하고자 하는 노력이 진행되었다.

1904년 영국의 존 플레밍 경卿Sir John Ambrose Fleming, 1849~1945이 파장으로 운반된 소리를 들을 수 있도록 하는 2극 진공관을 발명했다.

진공관의 아버지이자 라디오의 아버지로도 불리는 미국인 리 드 포리스트Lee De Forest, 1873~1961는 헤르츠도 사용했던 불꽃이 튀는 전통적인 방식의 스파크 갭 송신기를 활용해 실험실에서 파동을 만들던 중 스파크가 발생할 때마다 가스등의 불꽃이 커지는 것을 알아챘다. 불꽃이 커지는 것을 보며 그는 신호 증폭에 대한 아이디어를 떠올리게 된다. 무선 신호를 증폭할 수 있으면 모스부호 수준을 넘어 사람의 말소리도 전달할 수 있으리라고 생각한 것이다.

1906년 그는 향후 라디오 수신의 핵심 부품이 된 신호를 증폭해 주는 가스로 채워진 전극 세 개짜리 전구, 즉 3극 진공관을 만들어 냈다. 그가 신호 증폭의 원인으로 생각한 것은 바로 전구 안의 가스였다. '오디언audion'이라 불린 이 장치로 출력을 높이면 무선 장치를 통해 훨씬 많은 정보를 실어 보낼 수 있었다. 그는 이 오디언 장치의 특허를 1907년 취득했다.

1910년 초 어느 날 그는 한 오페라 공연장에 마이크와 송신기를 설치하고 무선방송을 송출했다. 하지만 이 방송은 실망스러운 결과를 보였다. 그는 뉴욕 시내 곳곳에 수신기를 설치해 놓고 사람들에게 듣게 했는데 수신기에서는 윙윙거리는 소리만 나올 뿐 음악 소리는 거의 들리지 않았다. 이 일로 드 포리스트는 무선통신 기술을 과장해서 팔려고 했다는 이유로 기소되어 감옥에 갇히게 되었다. 보석금이 필요한 그는 오디언 특허를 AT&T American Telephone & Telegraph Company에 헐값에 팔았다.

AT&T의 기술 연구 조직인 벨 연구소는 바로 오디언 분석에 들어갔다. 분석 결과 드 포리스트의 생각과 달리 오디언 내부의 가스는 무선 신호를 크게 만들지도 감지하지도 못한다는 사실이 확인되었다. 가스는 아무 쓸모없는 것이었다. 대신 드 포리스트가 만든 3극 구조가 증폭 작용의 핵심이라는 사실을 알아냈다. 그래서 오디언에서 가스를 완전히 빼내 진공 상태로 만들었다. 이로써 이 기기에는 '진공관 vacuum tube'이라는 이름이 붙었다. 이를 송신기와 수신기 양쪽에 설치했다. 그러자 전기신호가 증폭되었다. 우연한 발견의 산물인 오디언이 진공관의 발명으로 이어진 것이다. 그 결과 1950년대 반도체가 등장하기 전까지 라디오와 텔레비전, 앰프, 초창기 컴퓨터 등 거의 모든 전자 기기에 진공관이 들어가게 되었다.

이같이 라디오 radio의 출현은 1890년대 후반부터 1910년대 사이에 진행된 마르코니의 무선전신, 페센든의 무선을 통한 음성 방송, 그리고 드 포리스트의 방송 실험들을 배경으로 하고 있다. 요컨대 무선전신 기술을 바탕으로 인간의 목소리와 음악을 한 지점에서 송신해 다수의 사람들에게 전달할 수 있게 된 것이다. 이는 '메시지를 광범위하게 던져 전달하는 행위'인 '방송'이라는 개념을 형성하게 했다. 이와 함께 무선 애호가들과 과학자들 사이에서는 '무선 wireless'이라는 용어 대신 '라디오 radio'라는 개념이 확산되었다. 라디오라는 새로운 미디어는 20세기 초에 이렇게 탄생했다.

광석 라디오

라디오 수신기의 진화는 연대순으로 나열하면 광석 라디오^{Crystal} Radio, 진공관 라디오^{Valve Radio}, 반도체 라디오^{Semiconductor Radio}, IC^{Integrated} Circuit, 집적 회로 라디오의 순서로 정리된다. 하나씩 자세히 살펴본다.

라디오 수신기의 역사상 가장 먼저 나온 광석鑛石 라디오의 정식 영문 명칭은 크리스털 라디오^{Crystal Radio}이다. 이름의 유래는 이런 종류의 라디오가 대부분 광석 검파기^{crystal detector}라는 광물 결정을 이용하고 있기 때문이다. 약한 반도체 광물을 이용해 높은 주파수의 전자파를 우리가 쉽게 들을 수 있는 오디오 신호로 바꿔 주는 검파기는 1904년경 영국 식민 통치 시대 인도 과학자 자가디시 찬드라 보즈^{Jagadish Chandra Bose}와 미국의 발명가 그린리프 위티어 피카드^{Greenleaf Whittier Pickard}가 만들었다. 광석 라디오의 핵심 부품인 광석 검파기는 현재 반도체 부품의 다이오드^{diode}에 해당하는 부품이다.

광석 라디오의 작동은 간단하다. 일단 기다란 구리선으로 만든 안테나가 라디오 전파를 전기신호로 바꿔 주고 두껍게 감은 구리선 코일 위를 슬라이드 접점^{slide contact}으로 이동할 수 있게 만든 간단한 튜닝 회로가 방송국의 주파수를 맞춘다. 이때 코일 외에도 콘덴서가 있어야 하는데, 이것을 갖춘 수신기도 있었고 안테나 자체를 콘덴서로 활용한 수신기도 있다. 이 튜닝 회로는 수신된 전파에서 필요한 채널 신호 외의 것을 없애는 역할을 한다. 이렇게 튜닝된 전기신호는 다시 반도체 성질을 갖는 광물 결정으로 만든 광석검파기를 통해 우리가 들을 수 있는 오디오 신호로 검출된다. 초기에 사용된 검파기를 흔히 고양이수염검파기Cat's Whisker Detector라고 불렀는데 여기에 사용된 광석이 주변에서 흔히 구할 있는 방연석方鉛石, Galena이었기 때문에 광석 라디오라는 이름이 붙게 된 것이다. 이렇게 만들어진 오디오 신호는 스피커를 구동하기엔 미약한 신호여서 광석 라디오 전용 이어폰이나 헤드폰으로만 들을 수 있다.

광석 라디오의 가장 큰 특징은 별도의 전지나 전원을 필요로 하지 않는 수신기라는 점이다. 일단 전원을 사용하지 않는 만큼 부품도 간단하게 구성된다. 구리선과 몇 가지 재료를 준비하고 사전지식만 있으면 쉽게 직접 만들 수 있는 라디오이다. 특히 저개발국가나 국민소득이 매우 낮은 지역에서 활용이 용이하다.

과거에는 부피와 무게가 상당히 많이 나가는 형태로 제작되었으나 현재는 손바닥에 들어올 정도로 작게 만들 수 있기 때문에 휴대가 간편하다. 다만 쉽게 채널을 튜닝해 듣기에는 몇 가지 세밀한 조정이 필요하고, 지속되는 잡음을 피하기 어려우며 송신소와 거리가 멀수록 청취되는 음량이 작아지는 단점이 있다.

사용자 측면에서는 일단 전원을 사용하지 않아서 소리를 마음대로 크게 할 수가 없기 때문에 무조건 높은 임피던스impedance*의 광석 라디오 전용 이어폰이나 헤드폰을 사용해야 해서 한두 사람이 듣는 정도의 기능밖에 제공할 수 없는 점이 보급에 큰 걸림돌이었다. 그럼에도 불구하고 초기 라디오 방송의 실험과 아마추어 무선사들의 가벼운 호주머니 사정을 감안했을 때 광석 라디오는 큰 의미가 있었다. 그러나 기술이 빠르게 발전해 얼마 지나지 않아 진공관 라디오 시대가 열렸다. 당시로서는 가격이 비싼 라디오를 여러 사람이 함께 듣게 되면서 광석 라디오는 주로 개인이 혼자 실내나 실외에서 듣는 수신기로 남게 되었다.

광석 라디오는 제1차 세계대전부터 활용되기 시작해서 제2차 세계대전 당시 전기와 수도 공급이 끊긴 도시나 도시 외곽의 피난처에서 많은 사람들이 비교적 구하기 쉬운 녹슨 면도날, 주워 온 철사, 연필심 등으로 만들어 아군과 적군의 라디오 방송을 청취하고 전시 상황에 대한 정보를 얻는 데 활용되었다.

광석 라디오는 인류 최초의 전원이 필요 없는 라디오 수신기로 활용되어 1921년 대서양 횡단 전파 수신기로 활약했다. 한국에서도 수많은 전후세대의 개인용 수신기로, 유년 시절 문방구의 로켓 라디오로 100년이 넘게 애용되고 있다.

---

* 음성신호 등 교류전류가 흐르기 어렵게 만드는 성질의 정량적 표기

그림 1 광석 라디오 *1930년대, 라디오스타박물관 소장
그림 2 아젤라 광석 라디오 *1930년대, 라디오스타박물관 소장

진공관 라디오

앞의 '라디오의 탄생' 절에서 살펴본 바와 같이 진공관 오디온
Audion은 미약한 신호의 검출을 더욱 깨끗하게 하고, 3극 진공관인
트라이오드Triode는 작은 신호의 증폭을 크게 할 수 있다. 두 가지 부
품이 라디오 수신기에 응용되어 라디오 수신 음질을 비약적으로
향상시켜 먼 거리까지 방송할 수 있는 기반을 마련했다. 진공관으
로 크게 증폭된 음성 신호는 곧바로 코일과 종이로 만들어진 스피
커를 진동시킬 만큼 강력했기 때문에 방송국에서 멀리 떨어진 장
소에서 동시에 여러 사람이 청취하는 라디오 수신기의 탄생을 예
고했다. 1948년 트랜지스터가 나올 때까지 진공관은 전자산업의
탄생을 가져온 혁명이었다.

광석 라디오처럼 헤드폰이나 이어폰으로 한두 명이 듣는 것이
아닌 스피커로 수많은 사람이 동시에 들을 수 있는 진공관 라디오
의 탄생은 실시간으로 음성이 전국에 전해지는 진정한 의미의 매
스 미디어로 방송을 거듭나게 했다. 곧이어 발생한 제1차 세계대전
의 장거리 무선통신에 대한 요구로 라디오 수신기의 발전은 급물
살을 타게 되었다.

일단 전쟁이 벌어지자 선박, 항공, 자동차 등에서 사용할 무선통
신 장비들의 수요가 급증했다. 미국에서는 아메리칸 마르코니 무
선전신회사 외에 제너럴일렉트릭GE: General Electric, 웨스팅하우스Westing

House 등이 세운 무선통신 기업들이 활약했다.

전쟁을 통해 무선통신의 실용화가 앞당겨진 중심에는 미국 해군이 있었다. 미 해군은 본격적으로 무선전화 wireless telephone 서비스를 개발했다. 미 해군은 드 포리스트 덕분에 진공관을 이용한 연속파 송신기를 개발해 점과 선으로 이뤄진 모스부호가 아니라 소리 신호를 무선으로 전송할 수 있는 기술을 확보했다. 정부 차원에서 항공기용 무선전화 개발을 GE와 AT&T에 맡겼고, 1918년에는 송수신 일체형 진공관식 소형 무선전화 장치까지 완성해 냈다. 전장에서 무선전화는 모스부호를 몰라도 누구나 기기만 있으면 사용할 수 있었고, 지휘관이 장교들에게 직접 지시를 내릴 수 있었기 때문에 명령 전달의 방식이 훨씬 직접적이었다.

1차 대전이 끝나자 미 해군은 자신들이 개발한 라디오 방송 시스템을 국유화하려 했으나 민간 기업에서 크게 반발했다. 이에 미국 정부는 GE를 앞세워 1919년 민간 기업인 미국라디오주식회사 Radio Corporation of America, RCA를 설립했다. RCA는 아메리카 마르코니 무선전신회사를 인수하고 데이비드 사노프 David Sarnoff, 1891~1971에게 경영을 맡긴다. 사노프는 1912년 대서양에서 발생한 비극적인 타이태닉호 침몰 사고 시에 아메리칸 마르코니 무선전신회사에 근무했으며 사고 소식을 접하고 72시간 무선통신으로 교신하여 많은 생존자를 구조하는 데 결정적인 역할을 한 인물이었다.

RCA는 라디오 기술을 확보하기 위해 1920년 전화회사인

AT&T와 제휴하고 이어서 대형 전기회사인 웨스팅하우스와도 손을 잡고 라디오 기술에 관한 2,000건이 넘는 특허를 가진 막강한 특허 관리회사로서 영향력을 갖게 된다.

1차 세계대전이 끝난 후 전장에서 고급 무선통신 기술을 익힌 수많은 미국 병사들이 이 기술을 대중에게 전달하는 선도적인 역할을 하게 된다. 전장에서 무선통신기기를 만져 본 경험만으로도 간단한 무선 송수신기를 만들어 판매하는 사람들까지 등장했다. 라디오 제조는 사실 별로 어려운 기술이 아니었다. 필요한 부품만 조달할 수 있으면 누구든지 만들 수 있었다. 다만 얼마나 싸게 부품을 조달해 대량으로 생산할 수 있느냐가 관건이었다. 모든 라디오 제조사는 RCA와 특허 계약을 맺어야 했다. 특허 괴물 RCA는 이 과정에서 막대한 이익을 올렸다. 당시 RCA가 받은 특허료는 매출액의 5~7.5%에 달했다고 한다. 라디오 보급이 늘어날수록 수익도 점점 늘어나는 구조였다.

라디오를 빨리 보급하기 위해 RCA는 콘텐츠 개발에 나섰다. 사람들이 듣고 싶어 하는 무언가를 제공해 줘야 했기 때문이다. 데이비드 사노프는 여기서도 맹활약했다. 대부분의 경영진이 라디오로 어떻게 돈을 벌지 막막해할 때 그는 미래의 시장을 정확하게 내다봤다. 사노프는 1921년 7월 뉴욕에서 권투 경기 생중계를 시도했다. 사람들이 무료로 권투 경기 중계를 들을 수 있도록 뉴욕 시내 곳곳에 라디오와 확성기를 설치했다. 타임스 광장에 1만여 명이 운집했고, 다른 곳에서도 사람이 미어터졌다. 먼 도시에서 벌어지는 스포츠 경기를 실시간으로 들을 수 있다는 사실에 사람들이 열광했다. 그리고 결과는 대성공이었다.

1921년 처음 권투 경기가 중계될 때만 해도 미국 가정 500가구 중에 한 집에서만 라디오를 갖고 있었는데, 5년 만에 20가구 중 한 대꼴로 라디오 보급이 확대되었다. 라디오는 1922년 1년 동안 가정용 수신기가 20만 대 판매될 정도로 높은 인기를 누렸다. 1924년에는 155만 대, 1929년에는 442만대로 라디오 보급은 매우 빠른 속도로 진행되었다. 그리고 10년 뒤에는 미국 내 거의 모든 가정에 보급되었다.

라디오 보급과 함께 방송국도 생겼다. 처음에는 각 지역별로 방송 프로그램을 제작해 내보내는 소규모 방송국들이 우후죽순으로 생겨났다. 이어 1926년에는 미국 전국 단위 방송국인 NBC^{National Broadcasting Company}가 설립됐다. NBC는 사노프가 RCA 경영진을 설득해 GE, 웨스팅하우스와 함께 세운 회사다. NBC는 1927년 대서양을 비행기로 횡단한 린드버그^{Charles Augustur Lindberg, 1902~1974}의 워싱턴 도착 등 대형 행사를 방송하며 엄청난 성공을 거두었다. 이를 지켜보던 미디어 업계의 컬럼비아 포노그래프라는 음반회사가 만든 방송사가 CBS^{Columbia Broadcasting Company}이다. 컬럼비아 포노그래프는 CBS를 통해 음악을 방송하면 축음기용 음반 판매량이 더욱 증가하리라 기대했다.

그림 3 RCA 진공관 라디오(세탁기형 라디오) *1937, 라디오스타박물관 소장
그림 4 GE 250 진공관 라디오 *1949, portabletubes 홈페이지

라디오는 순식간에 전 세계로 보급되었다. 영국에서는 1922년 BBC^{British Broadcasting Company}가 설립됐다. BBC는 런던과 버밍햄, 맨체스터에서 차례로 개국했고, 1925년부터 전국 방송을 시작했다. 영국은 미국과 달리 처음부터 공영방송 체계를 구축했다. 이는 상업 광고가 아닌 청취자들이 내는 수신료를 통해 라디오 서비스를 제공하는 모델이다. BBC를 모델로 1925년 3월에는 일본의 NHK^{Nippon Hoso Kyokai, 일본방송협회}가 설립되었으며, 1927년 2월에는 당시 일본 식민 치하에 있던 한국에 KBS^{Korean Broadcasting System, 한국방송}의 전신인 경성방송국이 세워져 각기 AM 라디오 방송을 시작했다.

초기 진공관 라디오는 크기가 지금의 세탁기 정도였으나, 시간이 지나면서 휴대 가능한 여성용 핸드백 정도로 소형화되었다. 두 번의 세계대전이 지나간 1940년대 말에는 상용 전지 기술이 급격하게 발달하면서 납축전지나 건전지를 사용해 들을 수 있는 본격적인 휴대용 라디오의 시대가 열렸다. 하지만 휴대용 진공관 라디오는 트랜지스터 시대의 것과 많이 달랐다. 1948년 발명되었으나 상용화 단계에 이르지 못했던 트랜지스터 휴대용 라디오가 나오기까지, 진공관 휴대용 라디오는 배터리가 빨리 닳고, 무게도 가볍지 않았으며, 들고 다니면서 듣는 휴대용이라기보다는 바닥에 놓고 듣기에 적합했다.

한국에서 라디오가 등장한 것은 1927년 경성방송국의 개국과 함께였다. 그러나 일제 총독부의 지원 아래 일본인들이 주도하여 라디오 방송이 이루어졌고 식민지 피지배 민족에 대한 차별적인 경제 정책으로 소득 수준이 낮아 라디오 수신기 보급은 매우 부진했다. 1945년 해방 이후에도 한동안 라디오 보급은 정체되어 있었다. 한반도 남북한에 각각 분단 정권이 들어서고 이어 1950년 한국전쟁이 발발하면서 혼란의 시기가 계속되었기 때문이다. 그러다가 전후의 혼란이 어느 정도 안정되면서 미국 제품의 라디오 수신기의 보급이 조금씩 늘기 시작하고, 1959년 국내 업체에 의해 라디오의 조립 생산이 가능해지면서 비로소 빠르게 보급이 확대되기 시작했다.

LG의 전신인 금성사는 1959년 최초의 한국산 진공관 라디오 A-501을 생산했다. A-501이라는 모델명의 A자는 AC^{Alternating Current,}

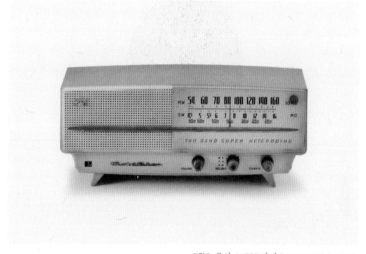

그림 5 금성 A-501 라디오 *1959, 국립민속박물관

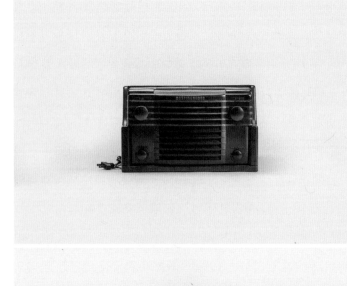

그림 6　웨스팅하우스 라디오 ＊1939, 라디오스타박물관 소장
그림 7　제너럴 일렉트릭 라디오(성당형 라디오) ＊1932년, 라디오스타박물관 소장

^{교류}에서 따왔으며 '5' 자는 5구식 진공관 라디오를 뜻하며 '01'은 제품 1호라는 의미이다. 하지만 초기 최초 국산 A-501 라디오에 대한 시장 반응은 냉담했다. 그러나 5·16 군사쿠데타로 정권을 잡은 박정희 정부는 정부 정책과 홍보 수단으로 라디오를 이용했다. '농촌 라디오 보내기 운동', '1가정 1라디오', '전자제품 국산화' 정책에 힘입어 급속도로 라디오가 대중화되기 시작했다.

트랜지스터 라디오

트랜지스터 라디오의 등장은 라디오 수신기가 더 이상 무겁고 갖고 다니기 힘든 물건이 아니게 만드는 결정적 변화를 가져왔다. 가정용 콘센트가 아닌 배터리로만 오랜 시간 동안 라디오를 들을 수 있게 된 것이다.

진공관을 이용한 라디오가 인기를 끌기 시작할 무렵인 1925년 캐나다 물리학자 줄리어스 에드가 릴리엔펠드^{Julius Edgar Lilienfeld}는 전기장 효과 트랜지스터^{Field Effect Transister}와 유사한 특허를 출원했다. 그러나 그의 특허와 연구 논문은 공개되거나 출판되지 않았다. 실제로 그런 장치를 만들었는지도 현재까지 알려지지 않고 있다.

오늘날의 트랜지스터는 1947년 미국의 전화회사 AT&T의 벨

연구소 소속 고체 물리학자 윌리엄 쇼클리^{William Shockley}, 존 바딘^{John Bardeen}과 월터 브래튼^{Walter Brattain} 세 사람이 금으로 만든 두 개의 전극을 게르마늄 결정에 접촉시킬 때 입력된 신호보다 출력된 신호가 커지는 현상을 토대로 세계 최초의 쌍극자 접촉 트랜지스터^{Bipolar point-contact Transister}를 발명해 만들었다. 당시 AT&T의 특허 전문가와 변호사는 캐나다에서 나온 릴리엔펠드의 특허를 이미 파악하고 있었으므로 그것을 피해 새로운 발명이 이루어졌다. 이 외에도 당시에 진행된 세계 각국의 유사한 발명과 특허는 상당히 많았다. 이제는 누가 먼저 상용화에 성공하느냐가 가장 큰 관건이었고 새로운 레이스가 시작되었다.

최초의 실리콘을 이용한 반도체 트랜지스터는 벨연구소에서 일했던 고순도 결정 성장 전문가 고든 틸^{Gordon Teal}이 1954년 미국 텍사스 인스트루먼츠^{Texas Instruments}에서 만들었다. 전 세계 전자산업은 새로운 진화의 단계에서 폭발적인 성장을 거듭할 수 있는 기반을 마련한 것이다. 진공관은 부피가 크고 제조에 많은 자원과 에너지가 소모되었지만 실리콘 트랜지스터는 저렴한 가격에 대량 생산할 수 있는 기기였다.

쇼클리, 바딘, 브래튼 등이 특허를 획득하자마자 그들이 속해 있던 AT&T 벨연구소는 1948년 6월 30일 곧바로 공개 뉴스 콘퍼런스를 개최했다. 그들이 그 자리에서 시연한 것은 다름 아닌 트랜지스터 라디오^{transister radio}였다. 이 세 사람은 1956년 노벨상을 수상했다.

혼히 트랜지스터 라디오를 처음 만든 것은 일본의 소니^{SONY}라고 전한다. 그러나 인류 최초의 트랜지스터 라디오는 1954년 미국 텍사스 인스트루먼츠와 I.D.E.A. Industrial Development Engineering Associates가 공동 개발한 리젠시 TR-1 Regency TR-1이라는 휴대용 트랜지스터 라디오로, 처음으로 상용 제품으로 시판되었다. 크기는 가로 7.65센티미터, 세로 12.7센티미터, 두께 3.175센티미터, 무게가 340그램이다. 당시 가격은 49.95달러현재 시세로 약 400달러였으며, 오늘날 9볼트 사각형 전지보다 조금 큰 22.5볼트 사각형 배터리를 사용했다. 이 모델은 현재도 많이 존재하며 배터리도 구입할 수 있다. 당시에는 FM 방송이 인기가 없어 AM 라디오로만 출시되었다. 가격에 상관없이 작은 스피커가 달린 채 휴대할 수 있는 크기여서 출시 12개월 만에 10만 대 정도가 판매되었고 1956년 생산이 중단될 때까지 총 15만 대 정도가 팔렸다. 텍사스 인스트루먼츠는 당초 RCA와 계약하려고 접촉했으나 관심을 보이지 않아 결국 인디애나폴리스에 있는 작은 기업 I.D.E.A.와 합작하게 되었다.

현재 일본 SONY의 전신인 ㈜동경통신공업의 공동창립자인 이부카 마사루井深大는 1952년 미국을 여행하면서 미국 AT&T가 트랜지스터 기술 라이선스를 판매하려 한다는 사실을 알아냈다. 그리고는 일본 통상산업성을 설득해 트랜지스터 기술의 라이선스 비용을 지원받는다.

그림 8 리젠시 TR-1 라디오. *1954, 김형호 개인 소장

1955년 8월 동경통신공업이 개발한 TR-55 모델이 미국 시장에 출시되면서 일본 전자산업의 대미 수출길이 열리게 되었다. 그러나 홍보 부족으로 저조한 판매량을 기록하던 중 1957년 출시한 TR-63 모델이 9V 사각형 건전지를 사용해 미국이 만든 리젠시 TR-1 라디오보다 약간 작고 가격도 낮아 큰 인기를 누렸다. 1957년 한 해에만 10만 대를 판매한 히트작이다.

그림9　소니(SONY) 트랜지스터
TR-63 ＊1957, radiomuseum 홈
페이지

TR-63의 인기에 힘입어 일본의 대형 가전업체인 도시바Toshiba와 샤프Sharp가 자체 모델을 수출하기 시작해 1959년 한 해 동안 일본은 자국에서 만든 트랜지스터 라디오를 600만 대나 미국에 수출했다. 트랜지스터는 미국이 발명했지만 제2차 세계대전 이후 힘겹게 생활하던 패전국 일본이 교전 상대국이던 미국 수출을 선도하며 전자산업의 부흥을 가져오는 결과를 가져왔다. 이런 배경 덕분에 지금도 중장년층 미국인 대부분이 일제 소니 트랜지스터 라디오를 최초의 휴대용 라디오로 기억할 정도이다.

한국에서는 1970년대 들어 흑백 TV가 보급되기 전까지 라디오가 일상생활에서 듣고 즐기는 뉴스와 오락의 전부였다. 금성사가 1960년에 최초의 트랜지스터 라디오 T-601을 생산했지만 휴대용

그림10 금성 T-601 라디오 *1960, 근대통신역사관

은 아니었다. 쌀 한 가마니 가격이 넘는 휴대용 트랜지스터 라디오
를 들고 다닌다는 것은 정말 보기 힘든 일이었다. 1970년 후반에서
1980년대에 들어서면서 카세트테이프 플레이어가 내장된 휴대용
워크맨이 보급되어 걸어 다니면서 라디오나 음악을 듣는 모습이
눈에 띄게 늘어났다.

　손바닥 안에 들어오는 라디오는 운동, 여행, 등산, 낚시 등 야외
활동에서 라디오 매체에 대한 충성도와 청취 시간을 비약적으로
늘려 주는 역할을 했다. 결과적으로 라디오에서 흘러나오는 음악
을 듣고 좋아하면 음악 공연, LP 레코드나 다른 매체까지 소비가
늘어나는 좋은 수단이 되는 것이다. 이런 경향은 세계적인 추세로
자리 잡았고, 돈을 주고 음악을 듣는 산업, 즉 대중음악 산업의 활

발한 성장을 앞당겼다. 미국 팝음악을 중심으로 한 대중음악의 신선한 충격은 1980년대에 청소년 시기를 보낸 세대에게는 오랜 추억으로 남아 있다.

IC 라디오

IC^{Integrated Circuit, 집적 회로}는 검은 플라스틱 몸통에 회색 금속의 수많은 발이 달린 마치 검은 벌레 같은 전자 부품이다. 1958년 7월 미국 텍사스 인스트루먼츠 반도체 회사에 재직 중인 물리학자 잭 킬비^{Jack Kilby, 1923~2005}는 IC에 대한 아이디어를 기록에 남기고, 1958년 9월 12일 실제로 동작하는 부품을 만들어 시연했다. 1958년 2월 6일 출원한 그의 발명으로 IC 전자제품의 세계가 열렸다. 이 업적으로 킬비는 2000년도 노벨물리학상을 수상했다. 킬비가 IC를 발명한 1958년은 1957년에 시작된 일본의 휴대용 트랜지스터 라디오^{portable transister radio}가 미국에서 선풍적인 인기를 얻으며 팔리고 있던 해였다. 전자제품의 소형화는 치열한 생존경쟁에서 단 1초라도 뒤질 수 없다는 전자산업의 일관된 명제이다.

1960년에서 1970년대까지 휴대용 트랜지스터 라디오로 대성공을 거둔 일본의 전자산업은 계속해서 미국에서 승승장구한다. ㈜

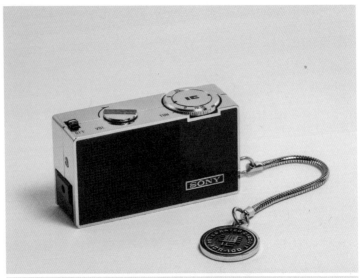

그림 11   세계 최초 IC 라디오 소니 ICR-100 *1967, Museum of Modern Art 소장
그림 12   EL3302 카세트테이프 녹음기 *1965, vintage-technics 홈페이지

동경통신공업에서 미국 수출용 브랜드 소니로 회사 명칭을 변경한 일본 소니는 1967년 소니 ICR-100을 시판한다. 이 세계 최초의 IC 라디오에는 IC 속에 14개의 트랜지스터4개는 다이오드와 저항 14개를 집어넣은 CX-001 실리콘 칩chip이 들어 있으며, 크기는 성냥갑 사이즈로 가로 58밀리미터, 세로 32밀리미터, 두께 18.5밀리미터, 무게가 90그램에 불과하다.

소니 ICR-100은 열쇠고리에 달고 다닐 정도의 작은 크기이며, 넣을 수 있는 건전지가 없어 니카드Ni-Cd, 니켈 카드뮴 충전지를 이용해 충전하는 방식을 채택했다. 작아도 소리는 들어야 했기 때문에 작은 스피커와 이어폰 단자를 구비했다. 하지만 크기가 작아 불편한 점도 있었고 많이 팔린 제품도 아니었다. 이렇게 탄생한 라디오는 결국 워크맨Walkman에 탑재되는 형태로 살아남게 된다.

워크맨의 핵심이 되는 카세트테이프정식 명칭은 Compact Cassette는 1962년 네덜란드에 본거지를 둔 필립스Philips가 발명했고, 1964년에 카세트테이프 녹음기를 미국에 출시했다. 곧바로 당시 휴대용 트랜지스터 라디오의 대표 주자인 일본 소니가 필립스에게 콤팩트 카세트의 기술 사용료를 무료로 하라고 압박했고 필립스가 이에 응하자 콤팩트 카세트 녹음기는 단숨에 테이프 플레이어 시장을 완전히 장악하게 되었다. 초기에는 음질이 나빴지만 개선을 거듭하고 잡음 억제 특허 기술인 돌비DOLBY 시스템을 탑재해 1970년 후반부터 LP 레코드와 함께 음악 판매 시장을 이끌었다.

다른 한편으로 카세트테이프 녹음기의 보급은 LP 레코드나 다른 카세트테이프의 음악을 복사해 듣는 불법 복제 시장이 활성화되고 각종 범죄, 정치 사건에서 녹음된 내용이 증거물로 자주 등장하게 되는 계기를 제공했다.

독일 태생 브라질 사람인 안드레아스 파벨Andreas Pavel은 스테레오벨트Stereobelt라는 이름의 휴대형 개인용 스테레오 카세트 플레이어를 발명하고 1977년에 전 세계에 특허를 출원했다. 일본 소니가 음성 녹음 전용으로 발매하던 프레스맨Pressman이란 모노 카세트 플레이어를 스테레오로 개량한 워크맨을 발매한 것은 1979년 7월 1일이다.

워크맨 출시 후 파벨은 소니를 상대로 특허권 침해에 대한 소송을 제기했다. 소니는 1986년에 독일에서 출시한 일부 유사 모델에 대해 특허료 지불을 비공개로 합의했다. 파벨은 1989년 영국에서 소송을 재개하지만 1996년 패소했다. 1999년 워크맨의 발명자 칭호를 빼앗아 간 소니의 창업자 모리타 아키오盛田昭夫가 사망하자 파벨은 2001년부터 그가 특허를 출원한 모든 국가에서 소송을 제기해 2003년 마침내 최종 합의에 도달했다. 유럽 소식통이 전한 특허료는 추가적인 특허 소송을 제기하지 않은 조건으로 수백만 유로에 달한다. 합의 내용에는 파벨을 휴대용 개인 스테레오 카세트 플레이어 발명자로 인정하는 내용도 포함되었다.

최초의 워크맨인 소니 TPS-L2 모델에는 라디오가 포함되지 않

았고 2개의 이어폰 단자가 달려 있다. 한 개의 워크맨을 두 사람이
들을 수 있게 한 것이다. 이후 출시된 모델에는 일부 기종을 제외
하고 대부분 라디오 수신기를 내장했다. 이때는 이미 FM 방송이
보편화되어 AM과 FM 수신 기능을 동시에 제공했다. IC 라디오
는 소니의 세계 최초 IC 라디오인 ICR-100 같은 초소형 단독 제품
이 아니라 워크맨의 내장 기능으로 생존을 지속하게 된 것이다.

카세트 워크맨은 FM 방송과 비슷한 음질을 제공하며 FM 방송
에서 들을 수 있는 간섭 노이즈가 없기 때문에 소비자는 비교적 선
명한 음질로 장시간 음악을 감상할 수 있다. 소니는 첫 출시 이후
31년이 지난 2010년 10월을 끝으로 자사의 워크맨 일본 판매를 일
제히 중단했다.

한국에서도 1980년대 미국과 거의 같은 시기에 워크맨이 수입되
어 판매되었다. 워크맨은 청소년층을 중심으로 급속히 확산되어
길거리에서 이어폰이나 헤드폰으로 음악을 듣는 사람들을 쉽게 보
게 된 것은 1980년대 후반부터이다. 이
러한 경향은 개인화된 음악 감상 취향과
부합해 방송 청취를 넘는 미디어 이용
형태로 자리 잡았다.

결과적으로 유행과 연예, 음악 정보
수집을 위해 FM 라디오를 듣고 그것을
자신의 취향에 반영해 음반을 구입하는

그림 13 최초 소니 워크맨
TPS-L2 ＊1979, 나무위키

문화가 자리 잡았다. 국내 인기가요 순위는 이런 인기에 빠르게 반응하는 양상을 보여, 음반 판매로 이어지는 패턴을 낳게 된다. 라디오와 카세트, LP 레코드의 판매는 서로 떼어놓을 수 없는 공생 관계를 만들었다. 매주 전해지는 미국의 빌보드 차트를 시작으로 국내 가요 차트까지 음악시장에서 차트 문화는 대단한 위력을 발휘했다.

그러나 1990년대에 들어 디지털 기술을 이용해 원본과 동일한 음질을 들려주는 CD^{Compact Disc}가 등장하면서 카세트 플레이어 기능을 갖는 워크맨은 급격하게 힘을 잃었다. 원하는 시간에 개인이 좋아하는 음악을 들으려는 미디어 소비 형태가 자연스럽게 확산되면서 1990년대 출시된 휴대형 CD 플레이어에서 라디오 수신 기능은 대부분 사라졌다. 이런 현상은 1990년대 중반 인터넷이 상용화되면서 차트나 연예인에 대한 정보를 실시간으로 접하게 되자 라디오를 통해 연예인이나 차트 정보를 입수할 필요성이 떨어졌기 때문이다.

21세기에 접어들면서 빠르게 보급된 MP3 플레이어^{MPEG-1 Audio Layer III} 형식으로 압축된 오디오 파일을 재생하는 기기의 총칭, 스마트폰 등 모바일 디지털 멀티미디어^{mobile digital multimedia}는 음반시장 매출 자체를 붕괴시켰다. 더 이상 소비자의 이용 행태가 실시간 라디오 방송에 얽매이지 않게 되었고 대부분의 디지털 멀티미디어는 IC칩의 형태로 라디오 수신 기능을 갖고 있을 뿐이다.

자동차 라디오

자동차가 대량으로 보급되기 시작하고 라디오가 대중화되자 실내에서 듣던 라디오를 자동차에 장착해 듣는 사람들이 생겨났다. 이런 수요에 맞춰 미국의 폴 갤빈Paul V. Galvin, 1895~1959과 조지프 갤빈 Joseph E. Galvin, 1899~1944 형제는 갤빈 제조회사를 세우고 1930년에 모토롤라Motorola라는 이름이 붙은 모델 5T71이란 진공관 자동차 라디오를 시판했다. 자동차 라디오는 지금과 같이 완성차에 장착해 출시된 것이 아니라 소비자가 구매해 장착하는 제품으로 시장에 나오게 되었다. 모토롤라는 자동차를 뜻하는 모토Motor에 이탈리아어로 목소리를 뜻하는 '올라ola'를 붙여 만든 것이다.

자동차 제조사가 완성차에 라디오를 부착해 출시하기 시작한 것은 1950년대에 이르러서였다. 1952년이 되자 독일의 블라우풍크트Blaupunkt 라디오 제조회사가 세계 최초의 진공관 FM 자동차 라디오 수신기를 발매했다. 1950년대 중반 포드 자동차 일부 모델에 라디오 주파수를 자동으로 찾아가는 라디오 채널 탐색 기능을 적용했다. 1956년 무렵에는 크라이슬러Chrysler 자동차 회사의 자동차용 전축을 모토롤라가 출시했고, 크라이슬러는 콜럼비아Columbia 레코드가 특별 제작한 16⅔rpmrevolutions per minute, 분당 회전수 레코드 디스크를 독점 판매했다. 1959년에는 RCA도 45rpm 레코드 플레이어를 자동차용으로 출시했다.

그림14   1930년 최초로 시판된 자동차 라디오 모토롤라 5T71(왼쪽부터 시계 방
향으로 본체, 스피커, 트롤러) *https://www.motorolasolutions.com

비슷한 시기에 이른바 카트리지Cartridge 또는 스테레오팩Stereo-Pak이
라는 이름의 4트랙4-track 스테레오 카트리지가 출시되어 선풍적 인
기를 끌었다. 이 카트리지 시스템은 괴짜 사업가 겸 엔지니어인 얼
윌리엄 '매드맨' 먼츠Earl William 'Madman' Muntz가 설계하고 일본에서 저렴
한 가격에 생산해 날개 돋친 듯 팔려 나갔다. 이후 1964년 필립스
가 콤팩트 카세트테이프를 발명해 시장에서 성공을 거두고 자동차
용 8트랙 카트리지8-track Cartridge, 일명 stereo-8도 선보여 다양한 테이프
플레이어들이 자동차 라디오에 함께 장착되기 시작했다.

20세기 산업을 통틀어 인류문화에 가장 큰 변화를 가져온 것이
자동차 산업이다. 자동차의 급속한 보급과 여가 시간의 확대는 미
디어 산업과 정보기술 산업의 성장을 앞당기는 원동력이 되기에
충분했다. 자동차에서 듣는 라디오를 포함한 카스테레오의 보급은

FM 라디오 중심의 청취 행태를 보편화시켰으며, 한국에서 1988년 서울올림픽을 전후로 향상된 생활 수준에 힘입어 국내 음반시장이 탄탄하게 성장하는 배경이 되었다.

1980년대 워크맨, 1990년대 휴대용 CD 플레이어로 상징되는 개인용 미디어 재생 장치들이 등장하는 것과 동시에 자동차 안에서 즐길 수 있는 매체도 카세트, CD의 순서대로 같은 시기에 변화했다. 21세기에는 다시 자동차 내 카스테레오 시스템에 AM·FM 라디오, CD, MP3를 즐길 수 있는 기능이 모두 제공된다. 한 걸음 더 나아가 2010년 이후 출시된 대부분의 차량에는 블루투스 오디오 기능까지 포함돼 더 이상 자동차에 장착된 플레이어를 사용하지 않아도 되는 편리한 무선 오디오 접속 환경이 이미 제공되었다. 차량 안에서 소비자가 주머니에 넣고 다니는 각종 모바일 기기의 음악, 팟캐스트, 서비스 음성 등을 모두 블루투스 오디오 기능을 이용해 차량에 장착된 스피커로 즐길 수 있게 된 것이다.

모토롤라의 진공관 자동차 라디오로 시작된 카스테레오의 역사는 사용자의 미디어 소비 패턴을 직접적으로 변화시키는 도구라기보다는 시대별로 사용자가 자동차에서 즐기고 싶어 하는 미디어의 형태를 정확하게 반영해 계속 진화한다. 자동차 라디오는 카스테레오 시스템의 일부로 존재하겠지만 카스테레오 시스템은 단순히 스피커 시스템으로 남는 것이 아니라 스마트폰, 태블릿 컴퓨터 같은 개인용 모바일 컴퓨팅 플랫폼들과 더욱 밀착된 기능을 선보이며 진화할 것이다.

인터넷 라디오

인터넷은 1950년대에 컴퓨터의 개발과 더불어 시작하여, 처음에는 메인프레임 컴퓨터와 단말기 사이의 점대점 통신과 더불어 개시되어 컴퓨터 간 점대점 연결로, 그 뒤 패킷 교환packet switching 네트워크로 확장되면서 본격적으로 태동했다.

소니의 워크맨이 한창 인기를 끌던 1982년, 우리가 흔히 인터넷 프로토콜Internet Protocol이라고 부르는 TCP/IPTransmission Control Protocol/ Internet Protocol가 표준화되었으며 이때 처음으로 인터넷이란 단어가 사용되기 시작했다. 1990년에 미국 국방성의 아르파넷ARPANET, Advanced Research Project Agency Network이 해체되고 1995년 미국과학재단네트워크National Science Foundation Network가 해체되면서 인터넷을 이용한 상용 트래픽 교환에 대한 모든 제약 사항이 없어져 세계적인 인터넷 접속 상용화가 이루어졌다. 라디오의 역사에서는 이때 이미 FM 라디오가 보편화되었고, CD가 LP 레코드를 대체했던 시기이다.

1994년 11월 10일 미국 시애틀에서 마이크로소프트의 공동 창립자로 유명한 백만장자 폴 앨런Paul Allen, 1953~ 이 창립한 스타웨이브

Starwave가 시애틀의 스카이 크라이즈 매리^{Sky Cries Mary}라는 록그룹 공연 실황을 인터넷 전용 오디오로 PC를 통해 생방송했다. 이것이 한 개의 오디오 송출 스트림^{stream}을 인터넷에 연결된 다수의 PC가 수신하는 진정한 멀티캐스트^{Multicast} 인터넷 라디오 방송의 효시다. 1주일 후에는 록음악의 노장 그룹인 롤링 스톤즈^{Rolling Stones} 공연 실황을 인터넷에서 생중계했다.

초기에는 가입자 통신 속도가 느려 AM 라디오 음질 정도의 인터넷 라디오를 들을 수밖에 없었다. 1995년 인터넷이 상용화되자 미국의 음악 FM 라디오 채널들이 같은 해 무료로 다운로드된 프로그레시브 네트웍스^{Progressive Networks}의 리얼오디오^{RealAudio}라는 무료 소프트웨어를 이용해 경쟁적으로 라디오 동시 방송에 나섰다. 인터넷 라디오 방송은 FM 전파가 미치지 않는 곳에서도 유선 인터넷 접속으로 들을 수 있기 때문에 저출력 소규모 음악FM방송국이 많은 미국에서는 새로운 시장 개척이라는 의미로 방송국 담당자들에게 받아들여졌다. 리얼오디오를 흉내 낸 널소프트^{Nullsoft}의 윈앰프^{Winamp}와 마이크로소프트의 윈도 미디어 플레이어^{MS Windows Media Player}가 실시간 오디오 스트리밍 기능을 탑재한 것도 1995년 이후이다.

1995년 이후 전화선 모뎀을 통해 접속하는 인터넷에서 리얼오디오의 공짜 소프트웨어 덕분에 수많은 개인 방송이 생겨났고 대부분 저작권법에 위반되는 불법 음악 송출이 인터넷에서 이루어지기 시작했다. 1996년 미국의 에드워드 리만^{Edward Lyman}이 소닉웨이브 Sonicwave.com라는 이름의 첫 24시간 생방송 인터넷 라디오 전문방송사를 개국했다. 소닉웨이브는 미국음악저작권협회에 등록해 합법적인 인터넷 음악 스트리밍을 허가받은 최초의 인터넷 방송국이다.

1995년 인터넷 상용화 이후 사용된 첫 인터넷 라디오 수신기는 PC였다. 대부분 마이크로소프트 윈도 3.0 또는 윈도95 운영체계를 탑재한 x86 기반의 개인용 컴퓨터들이다. 하드웨어를 추가로 구매하지 않고 리얼오디오 소프트웨어만 인터넷으로 다운로드 받아 설치하면 들을 수 있었다. 사실상 수신기 없이 이미 수신이 가능했으므로 가정마다 존재하는 PC를 인터넷 라디오 수신기로 볼 수 있다.

한국에서도 초기에는 PC에 모뎀을 장착해 전화선으로 접속하는 것이 일반적이었으나, 1999년 4월 1일부터 하나로통신^{현 SK브로드밴드} ^{전신}이 전화선을 이용한 초고속 인터넷 서비스인 ADSL^{Asymmetric Digital Subscriber Line, 비대칭디지털가입자회선} 서비스를 개시하여 일대 전환이 이루어졌다. 특허로 무장한 미국 브로드컴^{Broadcom}의 ADSL 칩셋이 모든 모뎀에 장착되었고, 인구 밀도가 높아 전화국에서 가정까지의 거리가 짧은 편인 한국의 특성상 전화선을 이용한 초고속 인터넷 서비스가 미국 등 선진국들보다 훨씬 빨리 보급되었다.

한국에서 대형 라디오 방송국이 인터넷 라디오 스트리밍을 개시한 것은 1996년 2월 MBC^{문화방송}이다. 이는 재외 한국인을 대상으로 하거나 라디오 청취자들의 편의와 공공성을 위한 시도였다고 볼 수 있을 것이다. 지상파 TV와 라디오 방송에 대한 시청자와 청취자의 충성도가 매우 높은 한국 사회의 여건에 비추어 볼 때 21세기 들어 독립적인 인터넷 라디오 방송의 상업적 성공 사례는 찾아보기 힘들다. 대부분의 일반 한국 국민들은 인터넷 라디오를 기존 FM 또는 AM 라디오를 인터넷으로 듣기 위한 무료 부가 서비스로 기억한다. 현재 한국의 인터넷 라디오로는 EBS i-Radio가 외국어 라디오 전문 채널을 운영하고 있고, CBS JOY4U는 크리스천 음악 전문 채널로 AM/FM 라디오 방송 외에 방송사 인터넷 라디오 프로그램^{모바일 앱}으로 들을 수 있는 크리스천 음악 전문 방송도 하고 있다.

모바일 디지털 멀티미디어

♪ 현대적 의미의 모바일 미디어의 정의

모바일 미디어^{mobile media}로는 흔히 먼저 떠올리는 휴대전화^{mobile phone}, PDA^{Personal Digital Assistant, 휴대용 디지털 보조 단말기}, 착용 컴퓨터^{wearable computer} 등과 같은 현대적인 모바일 미디어 외에도 노트북과 같은 정보기기, 전통적인 무전기와 같은 통신 기기, 휴대용 라디오 수신기나 휴대용 TV 수상기와 같은 방송 기기, 바둑, 카드, 화투, 테이블 보드게임과 같은 전통적인 보드게임 도구나 최근의 포터블 핸드헬드handheld 게임기, 워크맨, MP3 플레이어 같은 오락기기, 카메라, 녹음기, 스케치북, 공책과 같은 기록 미디어, 심지어 책, 신문, 잡지와 같은 휴대 가능한 인쇄 미디어에 이르기까지 그 예는 무수히 많다.

여기서는 라디오 수신기 진화의 관점에서 현대적인 의미의 모바일 디지털 멀티미디어mobile digital multimedia에 한정해서 모바일 미디어의 정의를 먼저 살펴보고, 전통적인 라디오 수신 기능을 수행하는 휴대전화, MP3 플레이어 및 모바일 TVDMB, Digital Multimedia Broadcasting의 특성과 사회문화적 의미를 하나씩 고찰해 본다.

현대적인 의미의 모바일 미디어는 다음과 같이 정의될 수 있다.

간편하게 휴대할 수 있는 기기를 통해 이동 중에도 음성통화는 물론 다양한 정보처리와 무선통신이 가능하도록 인터페이스가 고안되어, 독특한 상호작용 및 커뮤니케이션 양식을 만들어 내고 있는 디지털 멀티미디어이재현, 『모바일 미디어』 2013

이와 같은 정의는 다음과 같은 몇 가지 핵심적인 요소들을 포함하고 있다. 첫째, 모바일 미디어는 '휴대할 수 있는 기기portable device'를 통해 커뮤니케이션과 상호작용이 이루어지는 미디어이다.

둘째, 모바일 미디어는 '이동 중에on the move' 사용할 수 있는 미디어이다. 이동성은 모바일 미디어의 가장 중요한 속성 중의 하나인데, 이는 공간적으로는 물론이고 시간적으로도 움직일 수 있음을 의미한다.

셋째, 모바일 미디어는 다양한 정보처리와 통신이 가능한 미디어이다. 이런 기기는 일반적으로 '휴대용 정보통신기기information appliance'라고 부르는데, 이것은 정보, 신호, 그래픽, 애니메이션, 비디오, 오디오 등을 처리하고 또 다른 기기와 통신이 가능해야 한다.

넷째, 모바일 미디어는 이동성이라는 속성 때문에 필수 불가결하게 '무선통신'에 의존하게 된다. 무선통신의 역사는 매우 길지만 현대적인 의미에서 보면 크게 무선전화와 무선 인터넷으로 구분된다.

다섯째, 모바일 미디어는 휴대성과 이동성이라는 고유한 속성들을 고려한 '제한된 단말기 인터페이스'를 제공하는 미디어이다. 일반적으로 인터페이스interface는 사용자와 기기 사이의 상호작용을 규정하는 하드웨어와 소프트웨어의 구성을 뜻하는데, 합목적적인 상호작용성을 구현하기 위해 모든 기기는 사용자에게 독특한 조작 방식을 제공하고 있다.

여섯째, 현대적인 의미에서 모바일 미디어는 '디지털 멀티미디어digital multimedia'이다. 디지털 미디어는 미디어의 객체들을 수리적으로 처리할 수 있고, 이를 컴퓨터로 프로그래밍할 수 있는 것을 의

미한다. 다시 말하면 모든 정보를 비트 형태로 디지털로 처리한다는 것, 즉 숫자로 표현할 수 있다는 것이다. 그리고 모바일 미디어는 멀티미디어이다. 이는 음성만을 지원하던 전통적인 휴대전화와 달리 텍스트, 그래픽, 사운드, 데이터, 비디오 등 다양한 미디어를 지원하고 이런 미디어 요소들이 매끄럽게 통합되어 있음을 의미한다.

마지막으로 모바일 미디어는 '독특한 상호작용 및 커뮤니케이션 양식'을 만들어 내는 미디어이다. 일반적으로 상호작용은 '인간 상호작용person-to-person interaction'과 '기계 상호작용person-to-machine interaction'으로 나뉘는데, 모바일 미디어를 통해 이 두 형식의 상호작용이 모두 가능해짐은 물론 기술 발전과 함께 상호작용의 양식 또한 더욱 풍부해지고 있다. 인간 상호작용의 경우 음성에 국한되던 것이 문자, 그래픽, 사운드 등 다양한 형식의 미디어에 의해 매개되고 있다. 예컨대 모바일 미디어를 매개로 한 인간 상호작용은 음성전화의 대화에서 벗어나 SMSShort Message Service와 문자에 의한 상호작용 그리고 MMSMultimedia Messaging Service와 같은 멀티미디어에 의한 상호작용으로 확대되고 있다.

한편 모바일 미디어가 전통적인 대인 미디어에서 멀티미디어로 발전하면서 그 중요성이 커지는 것이 바로 기계 상호작용이다. 기계 상호작용은 사용자와 모바일 미디어 사이에 이루어지는, 보다 구체적으로는 모바일 미디어 콘텐츠와 사용자 사이에 이루어지는 상호작용 형태다. 사용자는 모바일 미디어가 제공하는 서비스를 직접 이용할 수도 있고 무선 인터넷과 같이 모바일 미디어를 매개로 다른 정보원에 접근할 수도 있다. 모바일 미디어는 이제 단순한 통신 미디어가 아니라 사용자가 다양한 정보를 검색하고 이런 정보를 활용하여 멀티미디어 콘텐츠를 사용자 스스로 제작하는 단계에 이르고 있다. 모바일 미디어는 핸드헬드 게임기, MP3 플레이어와 같은 오락기기이자 카메라, 메모장과 같은 기록 미디어인 셈이다. 나아가 모바일 미디어는 개인의 생활양식과 사회적 과정을 근본적으로 변화하게 하는 현대사회의 주요한 사회문화적 지형을 만들어 가고 있다.

∮ 휴대전화

모바일 미디어의 대표격인 휴대전화를 부르는 용어는 나라마다 매우 다양하다. 몇 나라의 경우만 보면 프랑스에서 le portable, 독일에서는 handy, 스페인에서는 el movil, 미국에서는 cell phone, 일본에서는 keitai denwa携帯電話 또는 간단히 keitai나 ke-tai, 그리고 중국에서는 sho ji手機라 부른다. 한국에서는 핸드폰, 휴대전화, 휴대폰, 이동전화 등으로 다양하게 불리고 학술적으로는 휴대전화와 이동전화라는 말이 혼용되고 있다. 이런 용어들을 보면 대체로 전화라는 말에 '손', '이동', 또는 '휴대'라는 말이 붙어 있음을 알 수 있다. 이는 이동성이나 휴대성이 이 미디어의 대표적인 속성임을 드러낸다.

손에 들고 다니는 일종의 작은 PC^{Personal Computer, 개인용 컴퓨터}인 스마트폰은 휴대전화의 대명사이다. 이제 휴대전화는 거의 모든 사람들이 그냥 스마트폰이라 부르고 세계의 남녀노소 거의 모두 스마트폰을 사용하는 것으로 보이며, 이것 없이는 중요한 일상생활 자체가 불편하고 심지어는 많은 활동이 불가능하다.

스마트폰의 역사는 책상 위에 놓인 모니터 디스플레이와 키보드, 마우스로 상징되는 PC의 진화에서 시작된다. 1975년 IBM^{International Business Machines}이 최초의 상용 휴대용 컴퓨터 IBM 5100을 선보였다. 그리고 1982년 4월 오늘날의 노트북 컴퓨터^{Laptop Computer}와 같은 플립형^{Flip-type} 컴퓨터가 미국의 그리드시스템즈^{GRiD Systems Corporation}에서 그리드 콤파스^{GRiD Compass} 모델 1101이란 이름으로 발매된다. 그리드 콤파스 1101은 인텔^{Intel Corporation}의 8086이란 16비트 CPU^{Central Processing Unit, 중앙연산장치}를 사용한 세계 최초의 노트북이다.

1986년 사이언^{Psion}의 오거나이저 II^{Organizde II}가 시판된 이후 보다 소형화되고 터치스크린^{Touch Screen}과 키보드를 입력 장치로 사용하는 사이언 시리즈 3가 1991년 발표된다. 1992년 당시 애플컴퓨터의 회장이었던 존 스컬리^{John Sculley}가 CES^{Consumer Electronics Show}에서 자사 제품인 뉴턴^{Newton}을 처음으로 PDA^{Personal Digital Assistant}란 용어로 소개한다.

1996년 핀란드의 노키아^{Nokia}는 이동전화 기능이 포함된 PDA,

그림 15　최초의 상용 휴대용 컴퓨터 IBM 5100 ＊1975, 위키피디아
그림 16　최초의 노트북 컴퓨터 그리드 콤파스 모델 1101 ＊1982, https://www.esi.uclm.es/museo

9000 커뮤니케이터9000 Communicator를 시판한다. 바로 이 모델이 세계 최초의 스마트폰Smartphone이다. 1996년은 세계적으로 PC에서 청취하는 인터넷 라디오가 활성화되는 시기였고, 스마트폰에는 AM·FM 라디오 기능이 없어 라디오 수신과는 관련이 없는 기기였다.

1998년 3월 한국의 새한정보시스템은 세계 최초의 MP3 플레이어인 엠피맨 F10MPman F10을 독일 하노버에서 개최된 체빗CeBIT 박람회에서 공개하고 시판에 들어갔다. 이후 음악 저장에 사용되는 플래시FLASH 메모리의 가격 인하와 휴대용 초소형 하드디스크의 등장으로 MP3 플레이어가 카세트와 CD 플레이어를 빠르게 대체했다. MP3 플레이어는 과거 실시간 단방향 매체였던 AM, FM 라디오나 순서대로 재생되는 LP 레코드판, CD 등과 달리 사용자가 스스로 좋아하는 음악을 무료 또는 유료 서비스의 경로로 다운로드 받

그림17 세계 최초의 스마트폰 노키아 9000 커뮤니케이터
*1996, https://ar.inspiredpencil.com/pictures-2023/nokia-9000-communicator

아 저장해 두고 언제 어디서든지 들을 수 있는 '개인 미디어personal media'로 음악 소비자들을 압도했다.

21세기로 넘어오면서 다양한 스마트폰에서 MP3 플레이어의 재생 기능과 FM 라디오 청취 기능을 제공하기 시작했다. 그러다가 2007년 애플Apple Inc.이 자사의 히트작인 아이팟iPod MP3 플레이어에 휴대전화 기능을 탑재한 아이폰iPhone을 출시하면서 본격적인 스마트폰 시대가 열렸다.

스마트폰은 기존의 거의 모든 모바일 미디어들을 재매개하고 융합한 역사상 그 유례가 없는 미디어라 할 수 있다. 즉, 스마트폰은 기존의 유선전화, 컴퓨터 운영체계operating system, 무선 인터넷, 텔레비전, 워크맨, 우편 등을 재매개하고 있고 카메라, 비디오 카메라, 오디오 플레이어, 게임기, 신용카드, 심지어는 바이오리듬 측정기까지 융합해 내고 있다. 이같이 스마트폰이 기존의 모바일 미디어가 가졌던 다양한 기능뿐만 아니라 다양한 콘텐츠애플리케이션와 인터넷 기능을 활용할 수 있게 해 주면서, 이용자가 활용할 수 있는 미디어 기능과 콘텐츠의 폭은 비교할 수 없을 정도로 확장된다. 스마트폰 이용자는 기존 휴대전화의 멀티미디어 기능뿐만 아니라 컴퓨터에서 사용하는 기능과 콘텐츠를 활용할 수 있는 손에 들고 다니는 일종의 작은 컴퓨터를 갖게 되었다.

스마트폰 시대의 개막은 온라인 파일을 다운로드해서 청취하는 것과 실시간 라디오 청취의 경계를 허무는 큰 사건이었다. 인터넷에 올라온 파일을 1957년 휴대용 트랜지스터 라디오처럼 스마트폰에 저장해 주머니에 넣고 다니며 들을 수 있게 된 것이다. 소비자의 체감으로는 모바일 인터넷과 방송을 더 이상 구분할 수 없는 상태가 되었다.

새로운 채널을 찾기보다 원하는 시간에 자신이 원하는 것을 보고 듣고 싶다는 소비자의 형태는 방송 청취에서도 그대로 반영된다. 실제로 실시간 라디오 방송의 청취가 늘어나기보다는 새로운 방송 형태인 팟캐스트Potcast 채널을 청취하거나, 미리 다운로드받아 스마트폰에 저장한 MP3 파일, 동영상 파일을 감상하는 일이 늘어났다. 더구나 스마트폰의 가장 큰 매력 중 하나는 언제 어디서나 게임을 즐길 수 있다는 점이어서 게임, 인터넷 브라우징, MP3 플레이어, 라디오가 시간의 창을 점유하기 위해 경쟁하는 새로운 구도가 탄생하게 되었다.

20세기 초 값비싼 라디오를 여러 사람이 함께 듣기 위해 옹기종기 모여 앉은 모습은 더 이상 찾아볼 수 없게 되었다. 저가의 고음질 모바일 기기, 즉 스마트폰이 각자 모두 다른 음악, 뉴스, 비디오, 게임 등을 즐길 수 있게 보급되었다. 이제는 버스나 지하철 같은 대중교통에서도 차량에서 라디오 방송을 틀지 않으며, 승차자들이

어폰을 착용하고 앉아 있는 모습을 흔히 볼 수 있다. 이러한 미디어 이용 형태의 극단적인 파편화와 개인화는 사회문화적인 공감대가 과연 존재하는가에 대한 의문을 낳게 한다.

라디오 방송은 산업사회의 집단적이고 획일화된 광고 기반의 소비 문화를 지향했다. 21세기 탈산업사회Post Industrial Society는 본격적으로 개인화된 맞춤형 미디어와 광고를 제공하며 매우 복잡한 소비 문화 패턴을 지향하고 있고, 개개인의 미디어 소비 형태 또한 어느한 가지로 규정하기 어려울 만큼 다양해지고 있다.

♪ MP3 플레이어

MP3 플레이어는 MPEG-1 Audio Layer III 형식으로 압축된 오디오 파일을 재생하는 기기의 총칭이다. 오디오 압축 방식이라고 불리는 MP3는 원본보다 음질이 떨어지나 편리함으로 소비자들을 압도했다. MP3 플레이어는 과거 실시간 단방향 매체였던 AM, FM 라디오나 순서대로 재생되는 LP 레코드판, CD 등과 전혀 다른 사용자 경험을 제공하고 있다. MP3 플레이어는 사용자가 스스로 좋아하는 음악을 무료 또는 유료 서비스의 경로로 다운로드받아 저장해 두고 언제 어디서든지 들을 수 있는 판도라 상자로 인식되었다.

인터페이스interface 측면에서 MP3 플레이어는 선행하거나 공존하는 다른 미디어를 재매개하거나 다른 미디어와 연계되며, 나아가

다른 미디어의 기능을 통합하면
서 융합되기도 한다. 먼저 MP3
플레이어는 다른 아날로그 또는
디지털 미디어의 인터페이스를
하드웨어 및 소프트웨어 측면에
서 차용하거나 개조함으로써 다
른 미디어를 재매개한다. MP3
플레이어의 제1차 재매개 대상
은 워크맨과 같은 포터블 카세

그림18　최초의 MP3 플레이어 엠피맨 F10
*1998, https://www.bing.com/images/
search?q/F10

트 플레이어, 디스크맨과 같은 포터블 CD 플레이어 같은 모바일
음악 미디어이다. 소형 트랜지스터 라디오나 포터블 LP 플레이어,
그리고 그 이전에 나온 자동차 라디오도 MP3 플레이어의 재매개
계보에 속한다.

MP3 플레이어는 기기를 소형화하고 저장 용량을 확대하여 선
행 모바일 미디어 음악 기기를 개선했다. MP3 플레이어는 CD에
서 플래시 메모리나 소형 하드디스크로 전환하여 소형화를 구현했
다. 또한 MP3 플레이어는 선행 미디어와는 비교할 수 없을 정도로
저장 용량이 증대되어 왔다. 예컨대 5세대 아이팟은 최대 2만 곡
또는 최대 2만 5,000장의 사진 또는 최대 100시간 분량의 동영상을
저장할 수 있는 80GB를 제공하고 있다.

MP3 플레이어는 미디어 연계media connections를 통해 다른 미디어와 하드웨어적으로 결합함으로써 하나의 통합 미디어 또는 네트워크를 구성한다. 현재 MP3 플레이어는 PC, 차량용 및 가정용 오디오, TV 수상기 등과 연결할 수 있다. 먼저 MP3 플레이어는 차량용 및 가정용 오디오, 그리고 TV 수상기와 연결되어 다른 오디오나 TV를 재생 플랫폼으로 활용하는데 이것은 두 가지 의미를 갖는다. 하나는 음악 재생 미디어로서 MP3 플레이어 자체가 갖고 있는 기능적 한계를 가정용 오디오의 우수한 스피커나 TV 수상기의 넓고 큰 화면을 통해 극복하고자 한다는 것이다. 다른 하나는 MP3 플레이어가 갖고 있는 콘텐츠를 다른 미디어에 제공함으로써 이른바 '콘텐츠 제공자contents provider' 기능을 수행한다는 것이다.

인터페이스 측면의 세 번째 차원은 융합convergence으로서, 이는 기기 자체 내에 다른 미디어나 기기의 기능을 통합해 내는 경우를 의미한다. 이를 통해 하나의 미디어는 기능적 확장functional multiplication을 구현하게 된다. 현재 MP3 플레이어들은 고유한 음악 재생 기능 외에 라디오, 게임, PDA, 외장 메모리, 녹음 나아가 블루투스Bluetooth 기능까지도 포함하기에 이르렀다. 일반적으로 미디어는 다른 기기의 다양한 기능들을 융합해 내는 경향이 있다. 융합의 결집체라 불리는 휴대전화에서 보듯이 디지털 환경에서는 그 경향이 가속화되고 있으며 이와 같은 다기능 기기의 발전은 멀티미디어 콘텐츠의 확장으로 이어진다.

한편 MP3 플레이어는 녹음 음악, 특히 디지털 음악을 콘텐츠로 제공하는 기존의 음악 미디어들을 재매개한다. MP3 플레이어는 녹음 음악recorded music을 콘텐츠로 제공한다는 점에서 기존의 음악 미디어, 그리고 모바일 미디어인 워크맨과 유사하다. 그러나 MP3 플레이어는 아날로그 미디어인 워크맨 등 기존의 미디어와 달리 디지털 포맷의 음악을 제공한다는 점에서 콘텐츠 측면에서 디지털 미디어를 재매개한다. 이제까지 개발, 활용된 음악 포맷은 다양하다. 예컨대 아이팟의 경우 Ogg Vorbis, FLAC를 제외하고 MP3는 물론 WAV, AAA/M4A, AAC AIFF 등 거의 모든 오디오 포맷을 지원하고 있다.

MP3 플레이어를 매개로 하는 콘텐츠 연계는 세 가지 경우가 있다. 첫째, 인터넷의 음악 사이트를 통해 MP3와 같은 음악 파일을 다운로드받는 경우다. 인터넷의 음악 사이트로는 애플의 아이튠스 음악 사이트와 같은 전문 사이트, 냅스터나 소리바다와 같은 P2P 기반의 네트워크, 개인 블로그와 같은 인터넷의 다양한 웹 사이트 등을 들 수 있다. 둘째, 재생 미디어 플랫폼과의 연계로서 PC, MP3폰, PMPPortable Multimedia Player, 다른 MP3 플레이어 등과 음악 콘텐츠를 교환할 수 있다. 셋째, 음악 콘텐츠가 저장 패키지 미디어로부터 음원을 받아들이는 경우로 대표적인 예는 CD나 테이프에 담긴 음악을 MP3 등 MP3 플레이어가 지원하는 포맷으로 리핑하여 이를 MP3 플레이어에 다운로드하는 경우다.

그리고 MP3 플레이어는 기존의 음악 콘텐츠 외에 TV 프로그램,

뮤직비디오, 애니메이션, UCC^{User Created Contents} 동영상과 같은 비디오, e-북과 같은 텍스트, 일반 파일과 같은 데이터, 그리고 팟캐스팅이나 음성 녹음과 같은 다양한 미디어 구성 요소들을 하나의 인터페이스 안에 매끄럽게 통합해 내고 있다. 이것이 갖는 의미는 MP3 플레이어가 단순히 워크맨과 같은 모바일 음악 미디어가 아니며 PMP, 스마트폰 등 다른 모바일 미디어와의 차별성이 축소되고 있다는 것이다. MP3 플레이어 문화를 선도하는 애플사의 아이팟은 역사적으로 고딕 성당, 시트로엥DS의 뒤를 이어 등장한 "21세기의 첫 번째 문화 아이콘"으로 간주되기도 한다.

♪ 모바일 TV^(DMB)

DMB는 라디오 방송으로 대표되는 오디오 서비스의 디지털 전환을 의미하는 디지털 오디오 방송 즉 DAB가 멀티미디어 부문까지 확장된 새로운 미디어이다. DMB는 모바일 기기^{mobile devices}를 통해 이동 중에도^{on the move} 커뮤니케이션과 상호작용을 할 수 있는 미디어이다. 이런 점에서 DMB도 모바일 미디어의 일반적인 속성들을 공유한다.

모바일 기기는 휴대전화나 MP3 플레이어와 같이 손으로 휴대하거나 몸에 착용할 수 있는 휴대형 기기^{handheld or wearable devices}, 그리고 자동차, 비행기와 같은 이동체^{mobiles}에 부착해 사용하는 장착형 기기로 나눌 수 있다. DMB의 경우도 휴대전화·PDA 겸용 단말기와 차량용 단말기로 나뉜다. 이와 같이 이동 중에 사용할 수 있다는 점에서 휴대전화, 무선 인터넷과 마찬가지로 DMB도 무선통신에 의존할 수밖에 없다. DMB는 무선통신 방식에 따라 지상파 DMB 와 위성 DMB로 나뉜다.

DMB 단말기는 이동성이라는 고유한 미디어 속성 때문에 다른 단말기와 마찬가지로 '제한된 단말기 인터페이스'를 제공할 수밖에 없다. 하드웨어 측면에서 볼 때 모바일 기기는 단말기의 크기, 화면의 크기, 조작 버튼의 수 등에서 한계가 있다. 그리고 소프트웨어 측면에서도 입력 방식, 사용자 인터페이스, 콘텐츠 형식 등에 제한이 많다.

방송, 특히 "내 손 안의 TV"를 지향하는 DMB의 가장 큰 태생적 한계는 화면의 크기가 작다는 것이다. 대체로 휴대전화 겸용 단말기의 화면 크기는 2.5인치를 넘지 못하며 가장 큰 화면을 제공할 것으로 기대되는 차량용의 경우에도 7인치 정도에 불과하다. 단말기의 화면을 둘러싼 딜레마의 핵심은 '단말기 소형화에 대한 욕구와 크고 넓은 화면에 대한 욕구 사이의 갈등과 긴장'이라 할 수 있다. 어떤 의미에서 시각 미디어의 발달은 '넓고 투명한 창wide and transparent window'에 대한 인간 욕구의 실현 과정이라 할 수 있는데, DMB를 포함한 모바일 미디어가 문화 콘텐츠를 전달하는 문화 인터페이스로서 기존의 TV나 영화와 같은 시각 미디어는 물론이고 PC와 같은 정보 기기와 경쟁해야 하는 상황에서 화면의 크기가 작다는 것은 결정적인 한계가 아닐 수 없다.

한편 DMB와 같은 모바일 미디어의 경우, 고정 화면을 제공하는 영화, TV, 컴퓨터 등 기존의 다른 미디어와 달리 움직이는 화면을 제공한다는 특징이 있다. 즉 영화, TV, 컴퓨터 및 모바일 미디어의 화면이 모두 '가상의 창virtual window'이라는 점에서 같지만, 모바일 미디어의 화면은 가정이라는 정박지를 떠난 '떠다니는 창floating window'을 제공하는 점에서 다르다.

DMB는 '재매개remediation'의 총 집합체라 할 수 있다. DMB는 화면의 크기가 작고 움직이는 창이라는 인터페이스의 한계를 갖고 있기는 해도 이를 극복하기 위해 기존의 미디어들이 발전시켜 온 문화 인터페이스 관습들을 거의 대부분 차용하고 있다는 점에서 재매개의 궁극적인 모습을 보여 준다고 할 수 있다.

한국 방송법 규정제2조의 정의에서 보듯 "텔레비전방송, 라디오방송 및 데이터방송을 복합적으로 송신하는" DMB는 기본적으로 '방송'을 재매개하며, 각각의 '채널'별로 텔레비전 방송은 문화 인터페이스 양식 중에서 영상 방식 양식, 라디오 방송은 오디오 양식을 그리고 데이터 방송은 HCIHuman Computer Interaction 양식이나 인쇄물 양식을 재매개한다. 그리고 휴대전화나 PDA와 같은 기존의 모바일 미디어와 융합을 통해 인터페이스로서 위상을 확대해 가고 있다.

DMB가 일차적으로 추구하는 재매개 대상은 다른 미디어보다는 우선 TV이다. 이는 "내 손 안의 TV"라는 DMB에 대한 사업자의 포지셔닝이나 DMB를 방송으로 규정한 법률적 정의에서 확인할 수 있다. TV를 재매개하고자 하기에 DMB 단말기는 차량용 단말기는 물론이고 휴대전화 겸용 단말기의 경우에도 기존 휴대전화의 세로형portrait이 아닌 TV 화면과 같은 가로형landscape 화면을 제공하게 되는 것이다. 이는 세로형 화면으로는 가로형 TV 콘텐츠를 제공할 수 없기 때문이다.

나아가 DMB는 단말기 융합convergence을 통해 다른 미디어를 재매개하고 있다. 현재 출시된 휴대전화 겸용 단말기는 DMB의 미디어 융합을 보여 주는 대표적인 예다. 휴대전화는 기존의 거의 모든 모바일 미디어들을 재매개하고 융합한 역사상 그 유례를 찾아볼 수 없는 미디어라 할 수 있다. 휴대전화는 기존의 유선전화, 컴퓨터 운영체계, 무선 인터넷, 텔레비전, 워크맨, 우편 등을 재매개하고 있고, 카메라, 비디오 카메라, 오디오 플레이어, 게임기, 신용카드, 심지어는 바이오리듬 측정기까지 융합해 내고 있다. 이런 점에서 휴대전화 겸용 DMB 단말기는 재매개와 미디어 융합의 결정체라 할 수 있다.

이동성이라는 미디어 속성을 지닌 디지털 모바일 미디어로서 DMB는 전통적인 고정형 TV가 묶어 놓는 가정이라는 기존의 고정된 물리적 공간을 벗어나 '어디서든' 새로운 공간을 가상적으로 전유하게 해 주는 "공간을 탈실재화하는derealizing space" 미디어인 셈이다. '가지고 다니는 나만의 TV'로서 이동 중에 개인적 시청 단계까지 진화한 TV의 독특한 형태인 DMB는 "공적 공간 속의 사적 미디어private-in-public media"라는 이중적 사사화double privatization 과정을 거쳐 탄생한 미디어인 셈이다.

루스벨트 미국 대통령과 라디오

미국의 제32대 대통령이자 미국 최초의 4선 대통령인 프랭클린 루스벨트는 그의 대통령 재임 기간인 1933년에서 1945년 사이에 모두 28차례에 걸친 '노변정담fireside chats'이라 불린 저녁 라디오 연설을 시행했다.

루스벨트는 '노변정담'에서 수천만의 미국인들에게 세계 경제 대공황Great Depression으로부터의 경기 회복, 은행 위기에 대응한 비상 은행법, 뉴딜 정책, 제2차 세계대전의 진행 상황 등 당시 미국의 정치, 경제 문제에 대해 친숙하게 얘기했다. 라디오를 통해서 그는 나쁜 소문을 잠재웠고, 보수 주도의 신문들에 대응했으며, 그의 정책을 미국 시민들에게 직접 설명했다. 그의 부드러우면서 강한 목소리와 태도는 절망과 불안정의 시대에 자신감을 전달했다.

노변정담 방송은 거의 모두가 황금시간대에 방송되는 30분짜리

<u>그림 19</u>   루스벨트 대통령의 '정부와 자본주의' 주제의 노변정담식 6번째 라디오 방송(27분 정도)
  *1934, 위키피디아

프로그램이었으며 모두 최고의 청취율을 기록했다. 이 방송의 핵
심은 마치 이웃집 아저씨가 화롯가에 앉아 얘기하는 듯 친근하게
접근한다는 점이다.

  성공적인 하나의 좋은 사례는 루스벨트가 대통령으로서 처음
1933년 3월 12일에 했던 노변정담이다. 이 방송은 미국의 은행 위
기에 대한 연설이었다. 그는 취임 후 첫 한 주를 한 달간이나 장기
간 지속된 은행 폐쇄 문제에 대해 고심하며 보냈다. 은행 폐쇄는
미국 전역의 가정에 고통을 안겨주고 있었다.

그는 1933년 3월 6일 미국 전역의 모든 은행 문을 닫게 하고 의회는 3월 9일에 비상 은행법을 통과시켰다. 이 법에서 루스벨트 대통령은 은행이 다시 문을 열 때 연방 보증 보험을 효과적으로 창설하여 운용하도록 했다. 은행 폐쇄가 종료되는 전날인 일요일 저녁 9시에 루스벨트는 6천만 명 이상의 라디오 청취자들에게 지난 며칠 동안에 행해진 조치와 그 조치 이유, 앞으로 진행될 조치에 대해 명확한 어조로 연설했다.

결과는 대중들의 믿음이 현저하게 반전되었다는 것이었다. 대중들은 대통령이 첫 번째 노변정담에서 설명한 대로 암묵적인 보증을 인식하고 다시 업무를 개시하는 은행이 안전할 것이라고 믿었다. 2주간에 사람들은 그들이 찾아서 집에 보관하고 있던 현금의 절반 이상을 다시 은행에 넣었다. 은행이 문을 연 첫 주식거래일에 주식 시세는 역대 하루 최대 상한가 상승을 기록했다.

루스벨트 연설의 청취율은 평화 시에는 평균 18% 그리고 전시에는 58%라는 높은 청취율을 기록했다. 이는 가장 인기 있는 라디오 쇼의 30% 내지 35%의 청취율을 훨씬 넘어서는 것이었다. 1940년 12월 29일 루스벨트의 노변정담은 59% 그리고 1941년 5월 27일의 연설은 70%의 라디오 청취율을 기록했다. 1941년 12월 9일, 일본이 진주만을 공격하고 이틀 후에 진행된 루스벨트의 노변정담은 약 6천 2백 10만 명의 미국 국민이 청취하여 대통령 연설 중 최고인 79%를 기록했다.

1942년 2월 23일 대략 61,365,000명의 미국 성인이 라디오에 귀를 기울이고 루스벨트의 노변정담을 기다렸다. 이 연설에서 그는 전쟁의 주요 목적을 강조할 것이었다. 연설 전에 루스벨트는 시민들에게 지리에 관한 설명을 할 것이니 세계지도를 준비하도록 했다. 그는 연설문 작성 담당자들에게 다음과 같이 말했다.

"나는 지금 전쟁이 진행되고 있는 곳들 중에서 많은 시민들이 결코 들어본 적이 없는 낯선 곳에 대해 설명할 것이다. 나는 우리의 문제가 무엇이며, 전쟁의 전반적인 전략이 어떠해야 하는지를 설명할 것이다. 시민들이 문제를 이해하고 우리가 무엇을 추진하고 있는가를 이해한다면 어떤 나쁜 소식도 참아낼 수 있을 것이라고 확신한다."

새 지도의 판매가 급증했고 많은 사람들이 창고에서 오래된 지도들을 꺼내 벽에다 걸어놓고 라디오에 귀를 기울였다. 뉴욕 타임즈는 이 연설을 루스벨트의 가장 훌륭한 경력 중의 하나였다고 평가했다.

라디오의 정치적 활용인 이 노변담화가 성공을 거둘 수 있었던 것은 라디오의 황금기라는 시대적 배경이 자리하고 있었기 때문이다. 루스벨트가 대통령직을 수행한 1930년대는 경제대공황 시기였다. 많은 사람들이 일자리를 잃고 경제적 어려움에 시달렸다. 하지만 역설적이게도 당시 라디오는 황금기를 구가했다. 경제적 형편 때문에 사람들이 영화나 연극보다는 라디오 수신기 하나만 있으면 음악, 드라마 및 쇼를 제공받을 수 있는 라디오에 귀를 기울였다.

루스벨트의 라디오에 대한 인식과 접근 방법 역시 노변정담을 성공시킨 주요 요인이었다. 1929년 루스벨트는 "국민이 일간신문에서는 자신의 눈으로 생각했던 것을 거부했던 국가 문제가 라디오에서는 점차 국민의 귀에 들어가기 시작했다"라고 말하고 라디오 소리의 침투력이 신문의 문자보다 뛰어나다는 것을 지적하기도 했다. 더욱이 루스벨트는 대통령 취임 전에도 라디오의 중요성에 주목해 "라디오야말로 대중과 선택된 지도자 사이의 직접 접촉을 다시 한 번 부활시키는 것"이라고 말할 정도로 라디오의 위력을 알고 있었다.

실제로 온화하고 강하며 자신감에 찬 루스벨트의 목소리는 라디오에 안성맞춤이었다. 루스벨트의 목소리는 흔히 연설 내용 자체에서 드러난 모순이나 모호함을 숨기고 라디오 수신기 앞의 청취자를 매료시켰다.

솔 벨로 Saul Bellow, 노벨문학상을 수상한 미국 소설가는 어느 여름날 저녁 시카고에서 걸으면서 들었던 한 노변정담의 기억을 회상했다. "어둠이 아직 길가의 느릅나무에 완전히 내려앉지 않은 어둑어둑한 시간에 운전기사들은 느릅나무 밑에 다른 차들이 지나갈 수 있게 한 줄로 범퍼와 범퍼가 거의 닿게 빽빽하게 주차하고는 루스벨트의 연설을 듣기 위해 자동차에 장착된 라디오Motorola 라디오를 켰다. 그들은 차의 창문을 내리고 차 문들을 열었다. 어디서나 똑같은 목소리, 특유의 동부 출신루스벨트 대통령은 미국 동부 뉴욕에서 출생 억양의 목소리가 들렸다. 이 목소리는 만약 다른 사람이었으면 미국 중서부 지방 시카고 사람들의 귀에 거슬렸을 것이다. 길거리에서 일렁일렁 나다니는 사람들도 그의 연설을 한마디도 놓치지 않고 들을 수 있었다. 사람들은 이들이 잘 모르는 운전기사들에게 합류하여 침묵 속에 담배를 피우면서 연설을 듣고 있었다. 이들은 대통령의 말을 생각하기보다는 그의 말투에서 드러나는 반듯함을 확인하고 거기서 확신을 갖는 것이었다."

루스벨트는 1929년 뉴욕 주지사 시절에 개혁주의적인 계획에 대한 보수적인 공화당 의회의 반대를 물리치기 위해 종종 라디오를 통해 뉴욕주 주민들에게 직접 호소하는 전략을 썼다. 1929년 4월 3일 루스벨트의 3번째 주지사 연설이 그의 첫 번째 노변정담이었다.

'노변정담'이라는 용어는 루스벨트의 공보 장관 얼리Stephen Early가 했던 발언에서 영감을 얻은 것이었다. 그는 "루스벨트 대통령은 라디오의 청중을 자기 서재의 화롯가에서 자기 옆에 앉아 있는 소수의 사람들로 생각하기를 좋아했다"라고 했다. 이 용어는 미국 CBS 방송 워싱턴 지국장인 뷰처Harry C. Butcher가 만들어 낸 것으로 CBS 기자 트라우트Robert Trout가 처음으로 공중파에 내보낸 것을 언론과 대중, 그리고 루스벨트 대통령 자신도 사용하여 미국의 전통문화가

된 것이다.

루스벨트가 노변정담을 통해 방송을 정치적으로 이용한 것에 대한 중요한 비판은 방송을 이용하여 사안의 한 측면에 대해 일방적으로 호소함으로써 동의하지 않는 사람들을 필연적으로 소외시킬 수 있다는 것이다. 대통령은 소수의 사람들, 나아가 다수의 사람들에게서도 자신에 대한 지지를 끌어낼 수 있다. 그러나 그러한 지지를 끌어내기 위해 동시에 그의 권위를 부인하는 강렬하고 완고한 반대를 불러일으키고 나아가 그의 정책에 저항하기 위해 폭력에 호소하는 일이 발생한다면 이를 성공이라고 할 수 없을 것이라는 견해이다. 이러한 비판에도 불구하고 많은 사람들은 루스벨트를 숭배하고 그의 연설에 절대적인 지지를 표명했다.

루스벨트의 목소리, 이야기 테크닉은 노변정담에서 유감없이 발휘되었다. 루스벨트는 이 담화에서 자택에서 느긋하게 쉬면서 함께 거실에 앉은 이웃에게 솔직하게 또는 정중하게 말하고 있는 한 남자 역을 훌륭하게 해냈다.

맥루언Marshall Mcluhan은 훗날 루스벨트는 뜨거운 라디오 미디어를 '노변정담'이라는 극히 차가운 형식을 위해 사용하는 기술을 터득하고 있었다고 평가했다. 이어서 맥루언은 혹시 이 무렵에 텔레비전이 충분히 실용화되었다면 루스벨트는 라디오와는 다른 요소들을 생각해야 했겠지만, 아마도 루스벨트는 그런 문제를 해결하는 것을 즐기고 있었을 것이라고 기술하고 있다. 루스벨트는 활자 미디어 시대의 대통령이 아니라 전자 미디어 시대의 도래를 명확하게 계산에 넣은 최초의 미국 대통령이었다.

아돌프 히틀러와 독일 국민 라디오 VE301

VE301은 Volks^{국민}와 Empfänger^{라디오}를 뜻하는 VE와 1933년 1월 30일 히틀러 수상 취임식을 기념하기 위한 숫자 301을 결합한 것이다. 첫 모델은 1933년 8월 제10차 베를린 국제가전박람회에서 처음 선보였다.

라디오 VE301은 1930년대 독일을 대표하는 라디오 수신기로 나치 정부가 값싼 국민 보급형으로 대량 생산하여 누구나 소유할 수 있게 한 것이다. 이 라디오는 당시 노동자 평균 2주 급료인 76마르크 정도의 가격으로 일반 라디오의 반값이었다. 1930년대 후반에는 무려 1,000만 대가 보급되어 전 국민의 80%가 소유하게 되었다.

이 라디오 수신기는 구조를 되도록 단순하게 했기 때문에 외국 방송을 들을 수 없었는데, 나치에게는 더 좋은 것이었다. 이 라디오의 선전 문구가 "전 독일이 국민 수신기로 총통의 목소리를 듣는다"였다는 사실이 말해 주듯, 나치는 이 라디오를 매개로 히틀러의 목소리와 국민의 귀를 하나로 결합하려고 했다. 나치 정부의 이러한 라디오 보급 정책은 나치 정부의 정권 유지와 전쟁 수행을 위하여 철저하게 계획된 언론정책에서 연유한 것이었다.

나치당은 1932년 바이마르공화국 선거에서 다수당으로 등장하고 마침내 히틀러Adolf Hitler가 1934년 새로운 나치 정부의 총통으로 취임하면서 절대권력을 확립했다. 히틀러의 나치 정부는 바이마르공화국의 국가 중심의 방송통제 정책을 그대로 수용하고 라디오 방송을 정치적 선전도구로 활용하여 철권통치를 유지했다.

1919년 제1차 세계대전 후에 성립된 바이마르공화국에서는 새로운 무선기술의 발전에 힘입어 라디오 방송이 급속히 확장되었다. 1923년 12월에 전국적으로 467대에 불과했던 라디오 세트가 약 반년이 지난 1924년 7월에는 100,000대로 급속히 증가했다. 이같이 급속히 고조되는 라디오 방송에 대한 관심에 부응하기 위하여 1926년에는 독일 전역을 대상으로 한 송신 출력을 갖춘 장파방송국인 도이체 벨레Deutsche Welle 방송국이 설립되었다.

바이마르공화국 시대의 라디오 방송의 특징은 첫째, 공화국의 우정성이 제국방송협회*를 통하여 경제적인 측면과 기술적인 측면에서 우위권을 확보하여 방송이 국가 주도하에 운영되도록 했다. 둘째, 프로그램 내용에 대한 정치적 통제를 이원화했다. 중앙정부

---

* 9개의 지방 방송사가 1925년 공동 운영 형태로 결성했으나, 우정성이 설립 자금의 절반 이상에 해당하는 주식을 소유

그림 20 독일 국민 라디오 VE301 독일 DKE사 ＊1938, 김형호 개인 소장
그림 21 DEUTSCHER KLEINEMPFANGER 라디오 독일 DKE사 ＊1938, 라디오스타박물관 소장

차원에서는 무선 서비스업체인 **DRADAG**사^{Drahtloser Dienst}와 도이췌스툰데^{Deutsche Stunde}를 통하여 뉴스 전달을 기본적으로 통제했고, 지방정부 차원에서는 문화프로그램에 대한 감시위원회의 역할을 통하여 방송의 내용을 통제했다. 셋째, 방송매체는 국가적 차원에서 공과업을 수행하는 주도자로 인식했다. 따라서 공과업을 수행하는 방송매체에 민간인 또는 사기업이 참여할 수 있도록 했으나 형식적으로만 참여가 보장되었을 뿐 실제적으로는 거의 불가능했다.

나치 정부는 바이마르공화국에서 중앙정부의 통제를 받던 제국방송협회를 나치 정부가 새로 만든 선전성 내의 하부기구로 1933년 흡수했다. 나아가 나치 정부는 바이마르공화국 시대의 제국방송협회의 역할까지도 고스란히 도입했다. 나치 정부는 이같이 바이마르공화국 시대에 방송 정책 수행의 중추적 기구였던 제국방송협회의 위상과 역할을 자신들이 추진하는 방송의 운영 기반 구축에 적극적으로 이용했다.

방송 언론인과 방송 프로그램은 나치 정부 내의 제3제국방송위원회에 의하여 통제되고 감시되었다. 나치 정부가 출범하면서부터 독일의 라디오 방송은 점차 국유화와 중앙집중화의 색채를 띠어 갔다. 나치 정부의 정치선전은 국내 방송을 통한 대내적인 활동에만 국한되지 않고 국외용 단파방송국을 설립하여 대외적인 활동까지 벌였다. 즉 방송을 통한 그 같은 정치선전 활동의 일환으로, 한편으로는 독일문화에 대한 타국 청취자의 관심을 유도하기 위하여 또 다른 한편으로는 외국에 거주하는 독일인들의 나치 정부에 대한 이해와 관심을 고취하기 위하여 단파방송을 이용했다.

1939년 제2차 세계대전이 발발하면서 라디오 방송에 대한 규제는 더욱 노골화되었다. 그 한 예는 외국 방송을 도청하거나 외국 방송에 의해 전해진 정보를 확산·유통시킬 때는 사형에 처해졌다. 나치 정부의 선전성 장관 괴벨스Joseph Goebbels는 1940년부터 전국의 방송국에 단일 프로그램을 방송하도록 지시했다. 전국의 방송국에 대해 단일 프로그램을 실시한 목적은 물론 전쟁 수행 기간 동안 독일의 방송국을 보다 효율적이고도 완벽하게 통제하기 위한 언론 정책의 일환이었다. 이같이 방송 정책으로 전쟁 사기를 부추겼지만 독일은 패전을 맞이했다. 전쟁의 피해 없이 마지막까지 중앙 통제적 단일 프로그램을 수행하고 있던 흐렌스부르그 방송국Senders Flensburg은 1945년 5월 7일 나치군의 무조건적 항복이라는 역사적 현장을 청취자들에게 전달했다. 방송 역사의 아이러니가 아닐 수 없다.

히틀러는 일찍부터 "세계적이며 혁신적인 모든 강력한 사건은 쓰인 글이 아니라 행한 말에 의해 발생했다"라고 말하며 문어에 비해 구어의 우월성을 주장했으며, 자신의 목소리를 방대한 청중의 귀에 불어넣는 확성기, 더욱이 그것을 전 독일로 확산하게 해 준 라디오의 위력을 잘 알고 있었다. 히틀러는 "확성기가 없었다면 우리는 독일을 정복할 수 없었을 것이다"라고 1938년 언명했다.

히틀러가 처음 라디오 마이크로 연설한 것은 1933년 2월 1일, 정권 획득 다음으로 예정된 선거가 시작된 때와 같았다. 그리고 이 선거전을 거쳐 라디오는 크게 변했고, 결국 라디오 전체가 히틀러 목소리의 확성기에 지나지 않게 되었다. 그는 대담하고도 시니컬하게 선전의 필수 수단으로서 거짓말과 원시성, 그리고 반복의 필요를 역설한 선전선동가였으며, 히틀러는 자신의 선전선동을 독일 국민들에게 전파할 수 있도록 라디오를 확성기로 활용했다.

나치가 정권을 획득한 날 밤에 시작된 횃불 행렬 실황중계에서 이 선거전을 통한 방송 사업의 전면 재편까지 제3제국의 라디오 사업을 독점적으로 장악한 사람은 나치 정부의 선전성 장관 괴벨스였다.

괴벨스는 "19세기는 신문의 시대였지만 20세기는 라디오의 시대"라고 분명하게 말했으며 연달아 방송사의 요직을 나치계 인물로 교체하고, 이 선거를 라디오전으로 만들어 갔다. 선거 중에 라디오는 오후 8시 프라임 타임을 선거전 보고 기사와 연설에 할당했을 뿐만 아니라 일요일 오후에는 온통 선거 일색이었다. 선거의 절정인 2월 25일부터는 '우리의 내각 소개'라는 시리즈를 시작하고, 괴벨스가 하는 '아돌프 히틀러 수상의 사람 됨됨이에 대하여'라는 보고를 시작했다. 통틀어 45회에 이르는 선거 방송이 있었는데, 여당이 독점함으로써 내각에 들지 않은 정당은 모두 배제되었다. 그리고 선거 뒤에도 3월 21일 신국회개원식을 시작으로 나치식 대중

동원의 기본인 대중 집회와 라디오 방송이 결합돼 대규모 미디어 이벤트로 나아갔다.

괴벨스가 나치즘의 전자 미디어 활용을 이용한 상징적 사례로 다음과 같은 일도 있었다. 1933년 초 쾰른에서 대규모 집회를 기획한 괴벨스는 대주교에게 교회의 종을 지정한 시각에 울리도록 요구했으나 거절당했다. 교회에서 보면 괴벨스가 선전을 목적으로 그러한 요구를 했다는 것이 분명했다. 교회의 대답을 받아들인 괴벨스는 대주교와 더 이상 논의하지 않고 바로 쾰른방송국에 교회의 종소리를 녹음해 정해진 시각에 그 소리를 라디오로 내보내고, 동시에 교회 주위에 확성기를 배치해 일제히 종소리를 내보내게 했다. 레코드가 돌고 종소리가 스피커에서 울려 퍼지자 성당 앞에 있는 사람조차 진짜 종소리를 듣고 있다고 믿었다며 괴벨스는 나중에 득의양양하게 말했다고 한다.

사실 나치에게 종소리가 정말로 교회에서 흘러나오는 것인지 레코드에 녹음돼 확성기나 라디오를 통해 흘러나오는 것인지는 중요하지 않았다. 중요한 것은 더욱 많은 대중의 귀를 더욱 강력하게 집회의 구심점으로 향하게 하는 것이었다. 방송의 국영화와 일원적인 관리, 그 위에 값싸고 통일된 규격의 '국민라디오 수신기'를 대량 유포한 것이 독일 전 국민의 귀를 일상적으로 히틀러의 목소리에 종속시켜 나갈 수 있는 가능성을 제공했다. 뒤집어 말하면 히틀러의 목소리는 이렇게 구심점이 되어 국가의 확성기로 모습을 바꾼 라디오가 필요로 하는 목소리가 되었다.

이처럼 히틀러와 그의 숭배자 괴벨스는 라디오의 위력을 잘 파악하고 있었고 실제로 라디오를 정치적 선전도구로 최대한 활용했다.

그러면 라디오의 어떠한 특성 때문에 히틀러의 라디오를 이용한 선전 선동 정치가 라디오를 통해 게르만족을 열광시킬 수 있었을까? 맥루언Marshall McLuhan은 다음과 같이 설명하고 있다.

라디오는 뜨거운 미디어이다. 뜨거운 미디어란 단일한 감각을 '고밀도로' 확장시키는 미디어이다. 여기서 '고밀도'란 데이터로 가득 찬 상태를 말한다. 따라서 뜨거운 미디어는 이용자가 채워 넣거나 완성해야 할 것이 별로 없다.

라디오는 듣는 사람과 친밀한 일대일 관계를 맺고, 저자 즉 말하는 사람과 듣는 사람 사이의 암묵적인 의사소통의 세계를 만들어낸다. 즉 개인적인 경험을 하게 한다는 것이다. 라디오는 무의식의 심층에서 부족의 뿔나팔이나 고대 북의 울림처럼 작용하는 것이다. 이것은 인간의 마음과 사회를 하나의 감동의 소용돌이로 바꾸어 놓는 힘을 라디오 매체가 본질적으로 갖추고 있다는 것이다.

히틀러가 정치적인 인물이 될 수 있었던 직접적 원인은 라디오와 확성 장치에 있다. 그러나 이는 그 미디어들이 그의 사상을 독일 국민들에게 효과적으로 전달했다는 말이 아니다. 그의 사상은 거의 중요치 않았다. 라디오는 처음으로 전자의 내파를 대중이 체험하게끔 했다. 이 내파가 문자 문화적인 서구 문명의 전체적인 방향과 의미를 역전시켰던 것이다. 부족적 민족들, 즉 전체 사회적 존재가 가족생활의 확대인 사람들에게 라디오는 앞으로도 격렬한 체험이 될 것이었다.

1914년이 되기 직전에 독일인은 이웃 나라들에게 '포위'되는 위협에 사로잡혀 있었다. 당시 이웃 나라들은 모든 인적 자원을 쉽게 동원할 수 있는 정교한 철도 조직을 발전시킨 상태였다. '포위'란 새로 공업화된 국가에게는 참으로 새로운, 매우 시각적인 이미지이다. 1930년대의 독일인은 청각의 공간, '생활권'에 사로잡혀 있었다. 그것은 라디오에 의한 내파와 공간의 압축에서 생긴 밀실 공포증이다. 독일인은 전쟁에 패한 후 시각적인 강박관념에서 벗어나, 내면의 아프리카적인 소리의 울림을 들으며 생각에 잠기는 방향으로 되돌아갔다. 부족적 과거가 독일인의 정신에는 언제나 현실이었던 것이다.

1936년 3월 14일에 뮌헨에서 가진 라디오 연설에서 히틀러는 "몽유병자의 확신을 가지고 내 길을 간다"라고 말했다. 그의 피해자도 그를 비판한 사람도 몽유병자와 같았던 것이다. 그들은 라디오라는 부족의 북이 내는 소리에 빠져 황홀하게 춤을 추었다. 라디오가 사람들의 중추신경 조직을 확장하여 모든 사람들을 깊이 참여시켰기 때문이다.

요컨대 라디오는 표면상으로는 개인 대 개인의 사적이고 친근한 직접적인 형태로 우리에게 다가온다. 그러나 보다 중요한 사실은 바로 라디오가 먼 옛날의, 잊힌 심금을 울리는 마술적 힘을 가진 무의식의 공명실共鳴室이라는 것이다. 테크놀러지에 의한 우리 신체의 모든 확장은 마비 상태에서, 그리고 무의식 속에서 행해져야만 한다. 그렇지 않다면 우리는 그러한 확장이 우리에게 가하는 힘을 견뎌낼 수 없을 것이다. 라디오는 전화 또는 전신보다 훨씬 더 중추신경 조직의 확장이다. 이에 필적하는 것은 인간의 말뿐이다. 라디오가 우리의 중추신경 조직의 가장 원시적인 확장인 매스 미디어, 즉 자국어에 특히 알맞다는 것은 깊이 생각해 볼 가치가 있는 일이다. 인간의 말과 라디오라는 가장 친밀하고 힘 있는 이 두 가지 테크놀러지가 한데 어우러졌을 때 인간의 경험에는 놀랍고도 새로운 형태가 생겨나지 않을 수 없다. 바로 몽유병 환자 히틀러에게서 그것이 실증되었다.

이같이 히틀러가 라디오의 특성을 활용하여 독일 사람들을 자신의 정치에 동원해 내는 데 성공했다는 독특한 분석을 하고 있는 맥루언은 "만약 히틀러 집권 시대에 텔레비전이 대규모로 보급되었다면, 히틀러는 일찍 사라져 버렸을 것이다. 그리고 히틀러보다 텔레비전이 일찍 등장했다면, 히틀러는 결코 나타나지 못했을 것이다"라고 단언하고 있다.

그는 이에 대해 "텔레비전은 차가운 미디어이다. 텔레비전은 뜨거운 인물, 뜨거운 사건, 그리고 뜨거운 인쇄 미디어에서 비롯된 인물을 거부한다"라고 설명한다. 흥미로운 분석이다.

실제로는 나치 정부는 텔레비전 방송이 정치선전을 위한 무궁한 잠재력을 지니고 있음을 전격적으로 인식하고, 집권 후 곧바로 우정성과 제국방송협회의 주도하에 텔레비전 방송기술 개발에 박차를 가하도록 했다. 그리하여 1935년 3월 22일 세계 최초로 정규 텔레비전 프로그램이 방영되었다. 우정성은 베를린, 라이프찌히, 포츠담을 거점으로 한 총 28개의 텔레비전 방송시설을 설치했고, 1936년에는 베를린 올림픽 경기가 동시 방영되어 시청되기에 이르렀다. 당시에 라이프찌히와 포츠담 두 도시에 설치된 공동시청센터에서 162,228명이 베를린 올림픽 장면을 시청했다.

이 같은 성공적인 시청에 힘입어 나치 정부는 텔레비전을 라디오와 같이 국민 매체로 개발하여 보급함으로써 그들의 정치적 선전 목적을 달성하려는 방송 정책 수립에 착수했다. 그러나 제2차 세계대전의 발발로 나치 정부의 이러한 야심적인 계획은 물거품이 되었다. 제2차 세계대전 동안에는 독일 전국에 텔레비전 수상기가 약 500대, 시청자 수가 불과 1,500명에서 2,000명 정도로 전쟁 전에 비하여 시청 상황이 크게 악화되었다.

박정희 정부의 홍보 정책과 금성 T-604 라디오

필자는 어린 시절 1960년대 초 마을회관에서 앰프로 내보내는 방송을 전달하는 스피커를 통해 마을 곳곳에서 국민체조, 태극기 하강식 등의 대국민 방송과 점심시간 무렵에 '김삿갓 북한방랑기' 같은 프로그램의 시작을 알리는 방송을 들으면서 자랐다. 그리고 장마가 지독했던 어느 해 여름날 스피커에서 흘러나오는 "내일 또 비가 올 것"이라는 일기예보를 듣고 한 이웃 어른이 스피커를 내동댕이치는 것을 본 적이 있다.

1960년대 한국 사회를 지배한 매체는 라디오였다. 지역·세대·계층과 상관없이 많은 이들이 전국에 울려 퍼진 라디오 방송을 청취했고, 이를 기억하고 있다. 라디오는 유례없는 황금기를 구가했고, 라디오 방송 청취는 그 시대 전 국민이 공유한 경험이었다.

1960년대 한국의 라디오 보급은 독특한 현상이었다. 낙후된 경제 상황에도 도시에 한정되지 않고 농어촌까지 라디오가 널리 보급되었다. 여기에는 박정희 정부가 시행한 '농어촌 라디오 보내기 운동'이 중요한 역할을 했다. 이는 1960년대 라디오의 전국적 확산이 개인의 선택이었다기보다 정치적 의도가 담긴 사회적 운동의 결과였음을 의미한다.

박정희 정부는 왜 '농어촌 라디오 보내기 운동'을 전개했을까, 이를 어떻게 실행했으며 왜 성공했을까, 그리고 그것이 농촌에 미친 영향은 무엇이었을까?

§ 라디오, 농어촌 공보에 필요한 최선의 수단

1961년 5월에 쿠데타로 집권한 박정희 정부는 새로운 정부의 모습을 드러내기 위해 공보 활동을 강화했다. 최고 권력자로서 박정희는 자신의 행동과 역할을 정당화해야 했다.

박정희 정부의 공보 강화는 행정 구조와 방송의 개편을 통해 이루어졌다. 우선 국무원 사무처 소속 공보국과 방송관리국을 통합해 공보부로 확대·개편했다. 공보부는 독립된 중앙 부서로서 체제를 갖추고 정부 공식 발표부터 업적과 시책을 대내외에 알리는 등 기능도 확대했다. 그리고 1961년 6월 국무원 사무처 소속의 국영 서울중앙방송국현재의 KBS도 공보부로 이관되면서 매일 5분씩 총 18회에 걸쳐 '혁명 과업의 달성'을 주제로 한 계몽 방송을 실시했다. 오전 9시와 11시에는 국가재건최고회의의 내용이 보도되었고 오후에는 수요일을 제외하고 매일 8시 10분부터 20분간 국가의 발전상이 방송되었다.

1962년부터 박정희 정부는 농어촌 대상으로 공보 활동을 강화했다. 박정희 정부가 농어촌의 공보를 강화하는 첫 단계로 공보부 장관을 교체하고 도시와는 다른 농어촌에 적합한 새로운 공보 매체를 확보하고자 했다.

매체 실태 조사 결과를 보면, 잡지와 신문은 배포의 신속성에서 문제가 있었다. 텔레비전은 우선 국내에서 생산되지 않아 전량 수입하고 있었고, 텔레비전 가격은 라디오의 수십 배였다. 게다가 1961년 12월 31일 KBS 텔레비전 방송국이 개국했지만, 평균 주당 방송 시간이 채 30시간도 되지 않았고 이마저도 불규칙했다. 그리고 농어촌에는 전력도 거의 공급되지 않고 있었다. 현실적으로 농어촌에 텔레비전을 보급하는 것은 불가능했다.

텔레비전을 농어촌에 보급할 수 없는 이유는 더 있었다. 바로 1961년 7월 박정희 정부가 "특정 외래품 판매 금지법"을 공포했다는 점이다. 이 법에 따르면 텔레비전, 선풍기, 트랜지스터 라디오, 진공관 라디오 6구 이상 제외 등의 외국산 전자 제품은 국내에서 판매할 수 없었다. 이 법이 공포된 상황에서 정부 부처인 공보부가 나서서 텔레비전을 적극적으로 보급하는 것은 모순된 행위였다. 즉, 처음부터 텔레비전은 선택할 여지가 없었다.

농어촌에 적합한 공보 수단을 고려할 때 박정희 정부의 최선의 선택은 처음부터 라디오였다. 게다가 '국산 라디오'가 생산되고 있었다. 최초의 국산 라디오로 평가받는 A-501이 1959년 11월 15일 처음 생산된 이후 금성사에서는 2~4개월 단위로 새로운 모델을 출시하고 있었다. 여전히 고가이지만, 국산 라디오를 활용한다면 높은 공보 효과를 얻을 것이라 기대했다. 게다가 라디오의 신속성과 동시성은 정부가 공보 수단을 결정짓는 중요한 요인으로 작용했다. 한 대의 수신기에 전선, 스피커를 각 가정으로 연결하면 수

십에서 최대 수백 명까지 동시에 듣는 것이 가능할 것이었다. 정보 전달을 기준으로 볼 때 라디오는 가장 적합한 매체였다. 게다가 정부가 알리려는 소식이 청취자에게 직접 전달된다는 장점도 지녔다. 신속성과 정확성의 측면에서 라디오는 박정희 정부의 입장과 소식을 시의적절하게 전달할 수 있는 가장 효과적인 도구였다.

_____ ∮ 라디오 보급을 저해하는 요인들

박정희 정부는 공보 효율의 측면에서 라디오의 가치를 인식했지만 실제 보급은 쉽지 않았다. 대부분 농어촌에서는 방송, 전기 시설이 마련되지 않아 라디오를 활용하기 어려웠다. 공보를 목적으로 라디오를 보급하려면 적합한 환경이 갖춰져야 했다. 이를 위해 박정희 정부는 방송 자체의 통제에 우선 착수했다. 1961년 8월 24일 "유선방송 수신관리법"법률 제692호을 제정했는데 이 법은 농어촌 지역의 방송을 대상으로 제정된 법안이 아니었고 오히려 방송 자체에 대한 통제의 의지를 드러낸 것이다. 공보부는 기존 민간 유선 방송 시설을 정리했고, 서울중앙방송국KBS과 새로운 민간 유선 방송인 한국문화방송MBC의 청취만을 허용했다. 민간 방송을 운영해온 기존 사업자들은 공보부 장관의 허가를 새로 받아야 했다. 그 결과 난립 상태의 민영 방송을 일거에 정리함과 동시에 정부가 원하는 방송만 허용하는 일거양득의 효과를 얻을 수 있었다.

방송 통제와 동시에 송신소 시설 확대에도 노력을 기울였다. 공보부는 전국 방송 송신 시설을 확대해 한국 라디오 방송의 가청 범위를 넓히고자 했다. 이에 남양 송신소와 제주도 서귀포 송신소 준공, 부산 송신소의 출력 강화 등이 추진되었다. 이처럼 박정희 정부는 농어촌을 위한 환경 개선은 아니지만, 방송 시설을 통제·확대해 전국에서 라디오 방송 청취가 가능하게 만드는 데 공을 들였음을 확인할 수 있다.

한편 전력 문제는 농어촌의 자력으로 해결해 나가도록 했다. 도시에서도 윤번제로 전기가 공급되는 상황에서 농어촌 지역으로 송전은 기대하기 어려운 상황이었다. 이에 농어촌에서는 자체적으로 소형 발전 시설을 구축하기 시작했다. 일례로 경기도 양주군 구리면 사노리에 수력 발전소가 세워졌다.

방송이나 전력 문제가 해소될 기미가 보이기 시작하면서 공보부는 본격적으로 농어촌에 라디오를 무상 보급할 계획을 세웠던 것으로 보인다. 그런데 라디오를 신청한 마을의 숫자가 공보부의 예상을 넘어섰다. 공보부는 지역별로 라디오 없는 마을을 새로 조사하면서, 동시에 유선 방송 수신 허가 신청을 받았다. 그 결과 경기도 2천 3백 대, 충북 1천 대, 충남 1천 2백 대, 전북 2천 6백 대, 전남 4천 2백 대, 경북 2천 4백 대 등, 전국으로 확대하려면 약 1만 5천 대가 필요했다. 그런데 공보부에는 이를 충당할 예산이 없었다. 앰프와 스피커는 차치하고, 라디오만 보급해도 감당되지 않을 규모였다.

결국 농어촌 공보 개선에 가장 중요한 자원인 라디오를 대거 충당해야 하는 문제에 직면했다. 1960년대 초 전국 라디오 보급률 자체가 절대적으로 낮았다. 공보부가 1961년 9월 3일부터 열흘간 매체 보급 현황을 조사한 결과를 보면, 전국 라디오 보급률은 평균 55명당 1대로 나타났다. 도시의 보급률은 농어촌에 비해 상당히 높았음을 추정할 때 농어촌에는 라디오가 거의 유입되지 않은 것이 당시의 실태였다. 농어촌 지역에서 라디오가 부족하다는 것을 인식한 박정희 정부는 농어촌 공보 강화를 위해 라디오를 대량 확보할 새로운 방안을 강구해야 했다.

∮ 농어촌으로의 라디오 보급과 확산

1962년 7월 15일 각 일간지에서는 농어촌 라디오 보내기 운동이 실시될 것이라고 대대적으로 보도했다. 이후락 공보부 실장은 "공보부에서는 라디오 없는 농어촌을 일소키 위해 농어촌에 라디오를 보내자는 구호 아래 14일부터 범국민 운동을 펼 예정"이라고 발표했다. 국가재건최고회의 의장인 박정희 부부가 사용하던 라디오 3대를 공보부에 기탁한 것을 기점으로 운동의 시작을 알렸다. 이에 발맞춰 농어촌에 라디오를 보내기 위한 현금 기부 및 라디오 기증 운동이 일어났다.

농어촌에 라디오를 보내려는 정부의 계획이 언론에 보도되면서, 국민적 '운동'의 형태로 공식화되기 시작했다. 농어촌 지역의 유선

방송 신청 결과를 보면, 공보부라는 하나의 부처가 감당할 수 없는 규모로 라디오가 필요했다. 이에 공보부는 농어촌 라디오 보급 계획을 정부의 무상 보급이 아닌, 정부가 주도하는 국민적 운동의 형태로 변경한 것이다.

언론 보도 이후 농어촌 라디오 보내기 운동 요강이 작성되고 라디오를 모으는 방안이 구체화되었다. 공보부의 모집 요강 계획서에서는 처음에는 공식적인 사업 목적으로 "귀가 있어도 가난하여 문화의 혜택을 입지 못하는 농어촌에 온 국민이 합심하여 라디오와 앰프를 보내는 범국민운동을 전개하는 데 있다"라고만 기술하고 있어 농어촌 라디오 보내기 운동이 농어촌에 대한 배려 차원의 활동이라고 설명했다.

그러나 처음 2개월 동안 배려를 호소한 정부의 발표로는 기대했던 효과가 나오지 않자 정부는 농어촌 라디오 보내기 운동의 목표 및 방향을 "국가 재건 소식을 신속 정확하게 전달하여 국가 의식의 거행과 생활 향상에 기여하고자 한다"라고 명확히 드러내 국민의 참여를 적극적으로 유도하고자 했다. 여기에 박정희 국가재건최고회의 의장의 솔선수범을 강조하여 각 부처의 참여를 유도했다.

공보부는 다각도로 국민의 동조를 구하면서도, 가장 수월하고 확실한 라디오 확보 방안을 모색했다. 첫 번째 방식은 바로 공무원의 봉급에서 일정 액수를 갹출하는 것이었다. 이는 전 국민의 선의에 기대는 것보다 정부가 손쉽게 추진할 수 있는 재원 확보 방안이

그림 22 금성라디오. T-604 ＊1962, https://blog.naver.com/ke2051/222952054441

었다. 1962년 7~9월 사이의 라디오 보내기 운동은 전 국민이 아닌 공무원만의 모집 운동으로 볼 수 있을 것이다. 공무원 급여 갹출은 국민들에게 '선의'를 요구한 슬로건과 달리 실제로는 '강요'된 기부 방식이었다.

공보부가 농어촌에 라디오를 보급하는 두 번째 방식은 농업협동 조합의 활용이었다. 농업협동조합이 개입된 라디오 보급은 결국 농어촌 주민의 자력에 의한 보급이라고 할 수 있을 것이다. 농업협 동조합을 통해 각 마을에 배치된 라디오의 값은 개인이든 마을 공 동이든 농어촌에 거주한 이들이 지불해야 했다. 결국 처음 농어촌 라디오 보내기 운동이 '도시에 거주하는 여유가 있는 이'에게 선의의 기부를 기대해 시작되었다면, 농업협동조합이 관여하면서 모집의 대상이 농어촌으로까지 확대되었다. 무엇보다 농어촌에서도 적극적으로 나서서 라디오를 구입해야 하는 부담이 높아졌다.

그림23 1962년 대한뉴스 영상 '공보부의 농어촌 라디오 보내기 운동' *KTV 아카이브

세 번째 방식은 기업으로부터의 기증이었다. 가장 적극적으로 참여한 기업은 금성사였다. 금성사는 이 운동이 본격적으로 시작되기 직전 트랜지스터 라디오 T-604 5천 대를 박정희 정부에 기증할 계획을 발표해 세간의 이목을 집중시켰다. 본래 라디오 보내기 운동과는 별개의 계획이었다. 1962년 3월 금성사는 박정희 대통령에게 T-604 라디오를 처음 선물하면서 정부에 라디오 5천 대 기증을 약속했었다. 당시 군사 정변 1주년 기념으로 5월까지 라디오가 배부될 예정이었으나, 농어촌 라디오 보내기 운동이 시작된 7월에서야 이를 지킨 것이다. 물론 이후에도 금성사는 지속적으로 라디오를 기증했다.

금성사는 라디오 기증으로 더 큰 기회를 획득했다. 금성사의 약속이 이행되고, 농어촌 라디오 보내기 운동이 시작되면서 새로 구입하는 라디오는 금성사의 것으로 지정되었다. 특히 라디오 T-604는 농어촌 보급용 라디오로 활용되었고, 금성사는 국가 사업에 기여하는 기업으로서의 이미지를 구축할 수 있었다. 물론 금성사 이

외에도 라디오를 기증하는 기업이 일부 있었다. 그럼에도 농어촌 라디오 보내기 운동과 관련해 언론에 보도되는 기증의 횟수나 규모를 보면, 대중은 전자 산업의 대표적 기업으로 금성사를 인식하게 되었다. 금성사가 얻은 가장 큰 혜택이었다.

네 번째 방식은 유명 인사들이 직접 공보부에 기부하는 것이었다. 유명인이 직접 1~10대의 라디오를 기부했고, 이 사실은 언론을 통해 알려졌다. 이는 농어촌 라디오 보내기 운동에 국민의 동조를 일부 얻는 데 기여한 바도 있다. 그런데 개인의 기부는 정확한 집계가 어렵다. 그나마 언론 보도를 통해 알려진 경우는 유명인이거나 특별한 사연을 가진 이들이었다. 농어촌 라디오 보내기 운동과는 별개로 농어촌 지역이 고향인 도시에 거주하는 사람들은 개별적으로 라디오를 구매해 고향 집에 전달하는 경우도 있었다.

♪ 라디오 보급 실태와 그 효과

공무원 봉급의 갹출, 농업협동조합의 개입, 기업과 개인의 기부라는 네 가지 방식으로 진행된 농어촌 라디오 보내기 운동을 통해 농어촌에 약 2만 4천 대의 라디오가 보급되었다. 공보부에서 수집한 것과 농업협동조합을 거쳐 공급된 것이 1만 9천 대, 여기에 금성사가 기증한 5천 대를 더하면 약 2만 4천 대에 이르렀다. 이로써 박정희 정부가 1만 5천 대의 라디오를 자연 부락에 보급하겠다는 처음의 목표는 1962년 말 초과 달성한 것으로 평가할 수 있다. 이

숫자만 보면, 라디오 없는 마을이 일거에 사라지게 된 것이다.

그렇다면 농어촌 라디오 보내기 운동으로 당시 한국에서는 어떠한 변화가 나타났을까? 자발적인 라디오 보급이 급격히 증가한 것으로 보인다. 아래 〈표 1〉의 방송 수신기 증가율 대조표를 보면, 농어촌 라디오 보내기 운동 전후 나타난 변화를 확인할 수 있다. 국가적 운동으로 농어촌에 공식적으로 보급된 수량을 제외해도 전국에 라디오만 약 10만 대 이상이 증가했다.

우선 라디오 중 트랜지스터 라디오의 수가 급격히 증가했다. 〈표 1〉을 보면 라디오 중 가장 높은 증가율을 보였다. 금성사가 박정희 대통령과 공보부에 기증한 라디오는 트랜지스터 라디오 T-604였으며, 이 라디오가 농어촌에 적합한 라디오라는 대중적 인식으로 이어졌다. 반면 배터리를 구입해 추가 비용이 소요되는 건전지식 라디오와 기술적으로 낙후한 광석식 라디오의 숫자는 감소했다.

무엇보다 전체 라디오 보급률이 높아졌다. 사실 농어촌 라디오 보내기 운동으로 보급된 라디오는 전체 라디오 증가량에 비하면 극히 일부이다. 1962년에만 농어촌에 보급한 라디오는 약 2만 4천 대였으나, 트랜지스터 라디오만 약 12만 대가 늘었다. 즉, 약 10만 대는 가정에서 자체적으로 라디오를 구입한 숫자이다. 대부분 도시에서 소비되었을 가능성이 높다. 여전히 농어촌에서의 라디오 구매는 도시에 비하면 상대적으로 저조한 편이었다.

<표 1> 방송 수신기 증가율 대조표

	61년도 9월	63년도 1월	증가대수	증가율(%)
전축식 라디오	37,833	59,300	21,467	156.74
전기용 라디오	223,340	264,272	40,932	118.33
건전지식 라디오	99,735	92,852	-6,883	93.10
전기, 건전지양용 라디오	32,422	37,713	5,291	116.32
트란지스타	81,626	202,298	120,672	247.91
광석식 라디오	51,689	50,056	-1,633	96.84
스피커	107,740	544,600	436,860	505.48
총수	634,385	1,251,091	616,706	197.21

출처: 공보부 조사국, 『전국 라디오 보급 현황』, 공보부, 1963. 9.

한편 라디오보다 스피커의 증가율이 훨씬 높게 나타났다. 스피커 자체만으로는 방송 수신이 불가능하다. 그럼에도 스피커의 보급이 급증한 데에는 농어촌의 라디오 수신 방식이 한 대의 라디오에 여러 대의 스피커를 각 가정에 연결해서 공동 청취하는 형태였기 때문이다. 그래서 공보부는 스피커를 라디오와 유사한 수신 장치로 계산했다. 한편 스피커 약 40만 대의 수요는 주로 농어촌에서 있었을 것으로 추산할 수 있다. 도시에서는 학교 등 다수가 밀집된 장소에서만 스피커가 활용되었기 때문이다. 게다가 스피커는 라디오보다 상대적으로 저렴했다. 당시 방송문화협회에서는 앰프와 스피커를 만들어 판매하고 있었는데, 앰프의 가격은 1만 2천 원, 스피커는 케이스 포함 3백 원으로 책정했다. 금성사 라디오가 대략 2천 원에 거래된 것을 감안하면 농어촌의 가정에서 상대적으로 저렴한 스피커를 선택했던 것이다.

농어촌에 라디오를 보내는 움직임은 1963년에도 이어졌다. 공식적으로 농어촌 라디오 보내기 운동의 종료가 선언된 것은 아니지만, 전년과 같은 국가적 운동과 같은 모습은 사라진 상태였다. 이 시기에도 개인의 라디오 기증이 이어졌고 농어촌을 넘어 다양한 장소로 전달되었다. 그렇지만 점차 라디오 기증이 감소하면서 이에 대한 언론 보도도 감소했다.

그렇다면 농어촌에 보급된 라디오는 어떻게 활용되었을까? 농어촌의 라디오는 마을의 소유물로서 예상치 못한 효과를 낳았다. 이는 라디오가 불러온 변화라기보다 라디오에 대한 규제가 만든 현상이라고 할 수 있다. 우선 평균 9~10개 부락당 라디오 한 대가 배부되었다. 그리고 농어촌에 라디오가 보급되면 보관·관리할 가정이 까다로운 규정에 따라 선발되었다. 대가족 가정으로 부락의 중심부에 위치했을 때 우선 선정될 수 있었다. 그리고 개인적으로 부락 내 신망이 두터우며 청렴한 사람이 선정되어야 한다는 기준이 부가되었다. 독점을 방지하기 위해 마을 이장 등은 처음부터 제외되었다. 까다로운 선발 과정을 거쳐 라디오를 보급받은 사람은 개인의 신상, 주소지가 기재된 보관증을 본부에 제출해야만 했다. 라디오와 관련해 고장, 분실 등의 문제가 발생하면 보관자가 이를 벌충하거나 그렇지 않을 경우 제재가 가해졌다. 마을 주민은 언제라도 해당 관청에 이를 신고해야 했다.

농어촌에서 청취할 수 있는 라디오 방송도 제약이 있었다. 보관

그림 24 새마을 라디오 앰프 스피커 ＊라디오스타박물관 소장

증과 함께 배부된 준수 사항을 보면 라디오는 부락 전체의 공용으로 규정되어 있었다. 이 때문에 개인의 선호가 아닌 마을에 정보를 제공하기 위해 라디오가 활용되어야 했다. 준수 사항에 의하면 농어촌에 보급된 라디오로는 오로지 국영 방송인 KBS 제1방송만 청취가 가능했다. 이렇게 방송 선택의 자유가 없었다. 정부의 공보 방송이 진행되는 시간에는 무조건 청취해야 했다. 라디오를 끄는 것조차 금지되었다. 방송을 청취했다고 해서 그 의무를 다한 것은 아니었다. 개인 사정으로 정규 방송을 청취하지 못한 사람이 있을 경우, 그 내용을 부락민 상호 간에 널리 알려야 했다. 게다가 라디오와 관련해 문제가 발생하면 즉각 라디오를 반환해야 했다. 박

정희 정부가 보급한 라디오로는 청취의 자유가 존재하지 않았다. 라디오 관리부터 청취까지 농어촌의 라디오는 직접 통제하에 있었다.

그렇다면 농어촌의 라디오는 그들의 삶에 어떠한 변화를 가져왔는가? 우선 농어촌은 새로운 정보를 접하지 못하던 폐쇄적 구조에서 탈피할 수 있었다. 라디오는 농어촌의 가장 효과적인 정보의 원천이 되었다.

농어촌 라디오 보내기 운동 전후로 농어촌 방송이 더욱 강화되었다. 우선 농어촌 전용 프로그램의 숫자와 시간이 증가했다. 1960년대 KBS의 종목별 방송 편성 시간을 보면 음악·오락 23.3%, 교양 21.7%, 농사 지도 13.3%, 뉴스 8.3%로 나타났다. 주간 편성 시간으로 보면 평균 10시간 10분으로, 일시적이지만 최대 35시간으로 확대되기도 했다. 라디오가 본격적으로 보급되기 전부터 방송된 〈농민 여러분에게〉와 〈어민 여러분에게〉가 1962년 2월부터 〈농어촌의 아침〉이라는 한 프로그램으로 합쳐졌고, 〈농어촌의 아침〉은 〈농민의 시간〉으로 이름이 바뀌면서 35분에서 1시간 25분으로 방송 시간이 늘어났을 뿐이다. 농어촌 대상의 방송은 박정희 정부의 공보와 함께 점차 중요 방송으로 자리 잡았다.

그런데 남양 송신소가 완공되면서 농촌과 도시의 주파수가 다르게 운용되었다. 점차 라디오는 도시와 농촌의 다른 삶의 모습을 보여 주는 첨단 매체가 되었다. 주파수가 달라지면서 도시와 농촌의 청취 내용이 완전히 달라졌다. 그 결과, 농어촌 전용 프로그램의 종류나 시간이 증가될수록 전과는 다른 방식으로 도시와 농어촌의 삶이 구분되기 시작했다. 라디오가 보급되기 전에는 방송 청취의 가능 여부로 도시와 농어촌의 모습이 달랐다. 그런데 1962년 8월 15일부터 본격적으로 농촌 방송이 시작되었고, 라디오 프로그램이 개편되었다.

이를 계기로 KBS 제1방송은 농어촌 중심의 전국 방송으로, 제2방송은 도시 방송으로 구분되기 시작했다. 매일 오후 8시부터 10시 50분에 〈농어촌의 밤〉이라는 프로그램이 추가로 신설되었다. 이 프로그램은 농가 토론, 라디오 농업 학교, 농사 상담, 살아 있는 상록수, 청년 부녀의 시간, 토지 개량의 시간, 농촌 진흥의 시간 등의 코너로 구성되었다. 음악, 라디오 드라마 등 오락 위주의 프로그램이 방송된 도시의 모습과 구별되기 시작했다. 게다가 도시는 네 개 방송 중 취사선택해 선호에 따라 청취할 수 있었다. 그러나 농어촌은 선택지가 없었다. 한편 라디오는 성인의 재교육을 유도했다. 대표적으로 〈농가방송 토론 그룹시간〉은 농어촌의 사회 교육을 이끌어 낸 대표적인 방송 프로그램이었다. 이렇게 도시의 라디오는 즐거움의 수단이었다면, 농어촌의 라디오는 새로운 학습 도구로 활용되었다.

농어촌 라디오 보내기 운동이 가져온 또 하나의 변화는 전자 공업 기업으로서 금성사의 성장이다. 금성사는 판매 부실로 경영 위기에 직면했으나, 농어촌 라디오 보내기 운동을 계기로 라디오 판매가 급증했다. 당시 농어촌 라디오 보내기 운동에 힘입어 공급이 부족해 수요를 충당하지 못할 수준이었다. 이에 금성사는 창고에 쌓여 있던 재고 물량을 일거에 없앨 수 있었고, 새로운 라디오 개발에 착수할 수 있게 되었다.

1961년 금성사의 라디오 재고는 약 8천 대였다. 농어촌 라디오 보내기 운동으로 완전히 재고가 소진되면서 금성사는 1962년 A-504, A-6012S, T-603, T-604, T-605, TP-603, TP-804 등 신제품을 개발해 시장에 내놓을 수 있었다. 특히 농어촌 라디오 운동에 힘입어 T-604는 3만 3천 1백 86대, T-602는 3만 3천 대가 팔렸다. 라디오 보내기 운동으로 라디오에 대한 수요가 급증한 것이다. 그 결과 1962년 금성사 전체 매출액 약 4억 8천만 원 중 라디오 매출액은 약 3억 1천만 원으로 73.44%의 높은 비중을 차지했다.

그렇다면 금성사가 농어촌 라디오 보내기 운동으로 어떠한 경제적인 혜택을 본 것인가? 금성사가 농어촌 라디오 보내기 운동으로 납품한 라디오의 판매 금액은 2천 2백여만 원에 불과했다. 오히려 라디오 판매액 3억 1천만 원 중 2억 8천만 원은 라디오 보내기 운동을 계기로 발생한 경제적 이득이라 할 수 있다.

특히 농어촌 라디오 보내기 운동으로 금성사가 얻은 최대의 효과는 국가적 사업에 적극적으로 참여하는 기업 이미지가 형성되었다는 것이다. 금성사가 라디오 5천 대를 기증해 세간의 주목을 받

그림 25 금성 T-605 라디오 *1960년대, 라디오스타박물관 소장
그림 26 금성 T-703 라디오 *1960년대, 라디오스타박물관 소장

그림 27 금성 BM-806 라디오. *1960년대, 라디오스타박물관 소장
그림 28 금성 RM-813 라디오. *1970년대, 라디오스타박물관 소장

119

으려 했어도 이는 단발성 이벤트에 불과해 쉽게 잊힐 수도 있었다. 그런데 기대치 않게 정부가 나서서 농어촌 라디오 보내기 운동을 실시했고, 금성사로서는 큰 기회를 맞이했다. 농어촌 라디오 보내기 운동으로 금성사의 라디오 판매가 호조를 이루면서 회사 자본금 또한 1962년 이후 급격하게 증가했다. 이어 라디오뿐만 아니라 텔레비전, 교환기 등의 개발로 방향을 전환할 수 있었다. 결과적으로 농어촌 라디오 보내기 운동으로 금성사는 국가 사업에 기여하는 기업 이미지를 구축했고, 라디오로 한국의 전자 공업을 대표하는 기업으로 자리 잡게 되었다.

§ 격변하는 세상과 소통하는 창구

1960년대 한국에서 대중문화를 이끈 지배적인 매체는 라디오였다. 그리고 농어촌 라디오 보내기 운동으로 첨단 산물인 라디오는 도시를 넘어 농어촌으로 확산되었다. 그 결과 도시와 농촌이 청취할 수 있는 방송은 달랐지만, 듣는 행위 자체에 대한 공감대는 형성되었다. 마을마다 울려 퍼진 라디오 방송에 대한 기억은 새로운 형태의 전 국민적 운동인 새마을 운동에 대한 거부감을 사전에 무력화시키는 데 일조했다. 이렇게 라디오는 1960년대 농어촌의 삶에 큰 변화를 가져왔다.

농어촌 라디오 보내기 운동은 박정희 정부 초기에 펼친 전 국민적 운동의 사례로 이해할 수 있다. 이 운동은 약 반년 동안의 비교적 짧은 기간에 결과를 낸 성공적인 사례였다. 이 성공에 힘입어 1962년 농어촌 라디오 보내기 운동은 1963년 농어촌 앰프 보내기 운동, 1965년 농어촌 스피커 보내기 운동으로 진화했다. 박정희 정부는 농어촌 라디오 보내기 운동의 성과로 크고 작은 형태의 농어촌을 대상으로 하는 전 국민적 운동을 지속적으로 추진해 나갈 수 있었다.

농어촌 라디오 보내기 운동에는 당시로서는 첨단 과학기술 산물인 라디오가 수단으로 활용되어 정치적 정당성을 확보할 수 있었다. 이 운동의 수혜 지역은 주로 농어촌이었다. 그런데 농림부가 아닌 공보부가 이 운동을 주도했다. 여기에는 농어촌에 대한 최소한의 문화적 혜택이라고 알려진 이면에, 라디오를 활용한 정권의 국정 홍보라는 목적이 내재되어 있었기 때문이다. 이 때문에 박정희 정부는 라디오의 신속성과 동시성에만 관심이 있었을 뿐, 첨단 과학기술 산물로서 라디오에 관심을 가졌다고 보기는 어렵다. 농어촌 라디오 보급이라는 목표가 성공적인 형태로 마무리되면서 박정희 정부의 라디오에 대한 관심도 사그라졌다.

한편, 농어촌 라디오에는 눈에 보이지 않지만 위로부터의 강요가 있었다. 당시 대다수 농어촌 마을은 전기조차 들어오지 않아, 전자 제품을 인지하지 못하는 경우가 많았다. 이러한 시기에 라디오를 자발적으로 수용하게 되는 공간은 농어촌이 아닌 도시에 국한될 수밖에 없었다. 그런데 라디오는 단기간에 농어촌으로 빠르게 확산되었다. 그렇게 농어촌 마을마다 라디오가 1대씩 보급되면서 라디오 소리를 처음 경험했다. 내용이나 방식은 다르지만 전 국민이 라디오 소리를 공유하게 된 것이다.

새벽부터 "잘 살아보세!"라는 구호와 함께 '새마을 노래'를 쩌렁쩌렁 울려대는 라디오 방송은 박정희 정부의 홍보 도구로 활용되었고, 박정희 정부는 라디오를 통해 군사적 현장, 산업 현장, 역사·기억의 현장, 공적 광장인 현장을 국민들과 연결시켜 라디오를 '국가 경험의 매개자'로 만들었다. 그러나 한편으로는 어느 집 할 것 없이 일상의 필수품으로 자리 잡은 라디오는 농어민과 도시 서민 대중에게 격변하는 세상과 소통하는 소중한 창구이자 희로애락의 감수성을 증폭시키는 대중문화의 무대가 되었다.

한국의 라디오 방송과 저널리즘

1960년대 전후 한국의 라디오 대중문화 형성

한국 사회에서 라디오 수신기가 급속하게 보급되고 청취자 대중이 광범위하게 형성되면서 라디오가 우리 사회의 지배적인 매체로 영향을 미쳤던 시기는 대체로 1950년대 중반 이후 특히 라디오 수신기가 국내에서 생산되기 시작한 1950년대 말부터 1970년대 들어 텔레비전 수상기의 보급이 확대되면서 전국적으로 그 사회적 영향력이 라디오를 능가하기 시작하던 무렵까지라고 할 수 있다.

우리나라에 라디오 방송이 시작된 것은 1927년 일제강점기 때였다. 그러나 일제 총독부의 지원 아래 일본인들이 주도하여 라디오 방송이 이루어지면서 방송 정책과 프로그램이 식민지 통치 정책으로 왜곡되고, 식민지 피지배 민족에 대한 차별적인 경제 정책으로 소득 수준이 낮아 라디오 수신기 보급은 매우 부진했다. 1945년 해

방 이후에도 한동안 라디오 보급은 정체되어 있었다. 한반도가 38선으로 나뉘어 미소 양국 군에 의한 군정이 실시되다가 결국 남북한에 각각 분단 정권이 들어서고 이어 1950년 한국전쟁이 발발하면서 혼란의 시기가 계속되었기 때문이다. 그러다가 전후의 혼란이 어느 정도 안정되면서 미국 제품의 라디오 수신기의 보급이 조금씩 늘기 시작하고, 1959년 국내 업체에 의해 라디오의 조립 생산이 가능해지면서 비로소 빠르게 보급이 확대되기 시작했다.

한편 한국의 1960년대는 4·19혁명과 5·16쿠데타라는 역사적 사건으로부터 시작되었다. 서구를 모델로 하는 자본주의와 민족주의 근대국가의 제도들은 1960년대에 들어 자리를 잡아갔다. 한국전쟁의 상처가 조금씩 아물어 가면서 국가 주도의 경제개발 프로젝트는 근대화를 추동했고, 대중 매체는 대중의 일상생활을 구성하는 주요한 요소로 자리 잡았다.

1960년대 특징적인 문화 현상 중 하나는 '대중 매체를 통한 경험의 확산'이었다. 라디오, 영화, 잡지의 급속한 성장과 텔레비전의 도입은 대중의 경험을 넓혔다. 과거에도 대중 매체는 영향력이 있었지만, 대중의 일상을 1960년대만큼 지배하지는 못했다. 여기서 라디오는 중요한 역할을 담당했다. 영화, 잡지, 신문 등은 라디오만큼 공적·사적 영역에서 전국적이면서 동시적으로 영향력을 발휘하지는 못했다.

이 글에서는 1950년대 말에서 1970년대 전반까지 10년이 조금

넘는 단기간에 라디오의 보급이 급속히 확대된 양상과 그러한 보급 확대에 영향을 미친 주요 요인들이 무엇인지를 먼저 살펴본다. 그 위에 이러한 라디오 수신기의 보편적 매체로의 전환과 한국의 대다수 지역에서 라디오 청취가 가능하게 된 방송 환경의 호전을 기반으로 진행된 한국 라디오 방송의 제도화 과정을 고찰한다. 그리고 1960년대 전후 라디오가 어떻게 다양한 문화 형식들을 매개하면서 라디오 매체의 속성에 맞게 관행화되어 갔으며, 라디오가 공적 영역과 사적 영역에서 어떤 경험을 매개했는가를 검토해 보고자 한다.

∮ 라디오 수신기의 보급 양상과 보급 확대 요인

라디오 수신기의 보급 양상

1959년 국내에서 라디오가 조립 생산되기 이전까지 한국의 라디오 수신기 보급이 매우 부진했다. 해방 당시 남한에 보급되어 있던 한국인 소유 라디오 수신기는 151,800여 대 정도였고, 1950년대 후반에 들어서면서 한국전쟁으로 비롯된 혼란이 어느 정도 안정되어 가면서 라디오 수신기도 차츰 증가하기 시작했다. 1957년 삼양전기사, 1959년에 금성사가 설립되어 수입 부품을 우리 기술로 조립한 진공관 라디오 수신기를 생산하기 시작하여 1959년 31만 6,000대, 1960년에 42만 대, 1961년 9월 89만 대를 생산했다고 한다. 1959년을 기점으로 라디오 수신기의 보급이 크게 증가하면서 한국 사회의 매스 미디어 체계는 새로운 단계에 접어든 것이다.

라디오 수신기의 보급이 크게 늘기 시작했지만 수신기 보급은 도시에 편중되었다. 농촌의 경우 마을에 한 대의 라디오도 보급되지 않았던 곳도 많았다. 이러한 실정에서 제1공화국의 공보실은 1957년부터 라디오 수신기가 보급되어 있지 않은 농어촌 마을에 유선 방송 시설을 설치하고, 각 가정에서 스피커를 통해 라디오 수신이 가능하도록 하는 이른바 '앰프촌'을 조성하여 농촌 지역에서 라디오 방송을 청취할 수 있도록 하는 정책을 추진했다. 앰프촌은 라디오 수신기의 보급이 확대되면서 1967년 이후 점차 감소했다.

당시에는 전기 보급이 되지 않은 지역이 상당히 많았다. 1961년 9월 현재 가장 양호했던 서울의 경우 전 가구의 72.4%에 전기가 들어왔지만, 서울을 제외한 지역은 전 가구의 평균 20.2%만이 전기가 공급된 실정이었다. 정부는 이렇게 전기가 가설되지 않은 지역의 라디오 미보급 자연마을에 수입한 트랜지스터 라디오를 각 지역 방송국을 통해 1대씩 무상으로 배부했다. 1958년 10,000대, 1960년 4,920대, 1961년 2,500대 등 2만 대 이상 보급했다. 1961년에는 트랜지스터 라디오가 국내 최초로 조립 생산되었다. 처음에는 매우 조잡한 수준이었으나 점차 기술이 개선되어 갔다.

1961년 5·16쿠데타 이후 군사 정부 시기 강력한 밀수 방지와 군수물자 유출 방지 등의 조치로 국산 제품에 대한 수요가 늘어 라디오와 그 부품의 국내 생산이 활기를 띠게 되었다. 박정희 정부가

1962년에 정권의 정당성을 홍보하기 위한 정책의 하나로 농어촌에 '라디오 보내기 운동'과 '스피커 보내기 운동'을 전개하여 농어촌에 적극적으로 라디오 수신기 보급을 추진하면서 1960년대에 라디오 수신기는 매우 급속하게 보급되었다.

1960년 말에서 1961년 9월 1년도 되지 않은 기간에 75% 증가했고, 다시 1년 3개월이 지난 1963년 1월에는 100% 증가했다. 가구당 보급률도 1960년 9.64%에서 1967년 47.3%, 1971년 64.36%로 급격하게 증가했다. 물론 같은 기간에 신문의 보급도 급속하게 확대되었다. 그러나 당시 신문은 한자 사용이 적지 않았기 때문에 문맹이 아니어도 초등학교 졸업 학력의 경우 신문 읽기에 어려움이 있었을 것이다. 그런 점에서 라디오는 1950년대 말에서 1970년대 전기까지 한국 사회의 지배적인 대중 매체였다고 할 수 있다.

라디오가 비로소 전 국민의 절반 이상이 일상적으로 접촉하는 매스 미디어로 부상하고 그 수용자인 청취자 대중이 형성되기 시작한 것이다. 수신기의 보급·확산과 함께 1960년대 경제개발계획의 추진으로 산업화가 진전되어 1965년 상업 라디오 방송의 광고 시간 판매가 평균 50% 정도가 되면서 광고매체로서의 영향력도 확대되었다.

그러나 한국 사회에서 라디오가 큰 영향력을 행사했던 기간은 단기간으로 끝났다. 라디오가 일제 지배 시기에 출현하여 그 보급이 순조롭지 못했고 라디오가 대중화된 시기가 지연되어 청각과 함께 영상을 제공하는 더 새롭고 매력적인 뉴미디어였던 텔레비전의 보급과 시기적으로 중첩되었기 때문이었다. 텔레비전은 국내에서 수상기가 제조되기 시작한 1966년부터 서울을 중심으로 도시 지역의 보급이 점차 증가하여 1973년 수상기 보급이 80만 대를 넘어섰고, 1975년 가구당 보급률이 30%에 이른 이후 급속도로 보급되었다. 한국 사회는 다시 빠른 속도로 라디오 지배 매체의 시기에서 텔레비전이 강력한 영향력을 행사하는 시기로 이동해 간 것이다.

라디오 수신기의 보급 확대의 주요 요인

이같이 짧은 기간에 라디오 수신기가 급격하게 보급될 수 있었던 것은 여러 요인들이 복합적으로 영향을 미쳤기 때문이다. 무엇보다 먼저 지적할 수 있는 것은 1959년 국내 기업에 의해 라디오 수신기가 생산되기 시작했다는 점이다. 1950년대 초 한국전쟁 중에는 전황을 포함한 국내외의 신속한 뉴스를 듣고자 라디오에 대한 수요가 많았다. 그러나 라디오 수신기가 국내에서 생산되지 않았기 때문에 미군PX나 밀수를 통해 나오는 미제 제니스Zenith, RCARadio Corporation of America 등 외국 제품을 구입해야 했는데 가격이 비싸 전쟁 중의 혼란과 궁핍 속에 보통사람들이 쉽게 구입하기 어려운 물건이었다. 그래서 재료 값도 싸고 간단하게 조립할 수 있는 광석 라디오가 큰 인기를 모았다. 1954년 종교방송인 기독교방송^{CBS}이 개국하여 라디오 청취는 더욱 증가했다. 그런 과정을 통해 전자기술이 축적되고, 사회적 수요가 증가하면서 라디오 수신기를 생산하려는 기업이 출현하게 된 것이다. 그리하여 1959년 국내에서 라디오 수신기의 생산이 시작된 이후 생산량이 급속히 증가하면서 보급이 확대될 수 있었다.

둘째, 정부의 적극적인 라디오 수신기 보급 정책을 들 수 있다. 이승만 정부의 제1공화국 공보실은 1957년부터 라디오 수신기가 보급되어 있지 않은 농어촌 마을에 유선 방송 시설을 설치하고, 각 가정에서 스피커를 통해 라디오 수신이 가능하도록 하는 이른바 '앰프촌'을 조성하여 농촌 지역에서 라디오 방송을 청취할 수 있도록 하는 정책을 추진했다.

특히 1961년 군사쿠데타로 정권을 장악한 박정희 정부는 미디어를 근대화 추진을 위한 중요한 홍보 수단으로 인식하고 1962년부터 농어촌에 '라디오 보내기 운동'과 '스피커 보내기 운동'을 전개하여 농어촌에 적극적으로 라디오 수신기 보급을 추진하는 등 라디오 보급을 적극적으로 지원했다. 정부가 주도한 경제개발계획의 성공적인 추진을 위해 주요한 홍보 매체로 활용하고자 한 것이다. 이른바 발전 저널리즘, 미디어에 대한 근대화 이론이 공보 정책의 이론적 배경으로 동원된 것이다. 이러한 정책들은 기본적으로 취약한 정통성을 만회하면서 정권의 장기적인 유지, 강화를 위한 것이지만 라디오 수신기의 보급에는 긍정적인 영향을 미쳤다고 할 수 있다.

셋째, 라디오 방송 시설이 확충되고 새로운 민간 방송사들이 출현하면서 청취율 경쟁으로 다양한 프로그램이 제공되어 청취자의 흥미를 끌었다는 점이다.

1953년 이후 전쟁으로 파괴되었던 국영 라디오 방송 시설이 점차 복구되고 전기 사정이 호전되면서 1956년 철야 송전이 가능해졌다. 1956년에 KBS 서울중앙방송국이 제2라디오를 개국하여, 기존의 제1라디오는 일반 대중을 대상으로 보편적 서비스를 실시했고 제2라디오는 어학 강좌 등 교육 방송, 국군 방송, 대북 방송, 대일 방송을 담당했다. 그리고 기존의 지방방송국 이외에 마산, 제주, 속초, 포항, 남원, 여수방송국 등 지방방송국이 새로 개국했다.

1954년 CBS의 개국으로 KBS 국영 독점 체제에서 국영과 상업 방송 공존 체제로 변화가 이루어졌다. 1959년 최초의 민간 상업 방송으로 부산문화방송이 출현했고, 현재 문화방송의 모체인 서울문화방송이 1961년 12월 개국했으며, 동아방송이 1963년, 라디오서울1966년 동양방송으로 개칭이 1964년 5월 개국했다. 또한 문화방송은 1963년 대구, 1964년 광주, 1965년 대전과 전주 등 지방 4대 도시에 직할국을 설립하고, 지방 라디오 방송사들이 MBC방송망에 가입하여 전국방송망을 형성했다.

이와 같이 라디오 청취자들은 불과 몇 년 사이에 다양한 방송을 들을 수 있는 여건이 조성된 것이다. 이에 따라 청취자들의 관심을 끌기 위한 청취율 경쟁이 심화되면서 각 방송사들은 프로그램의 다양화에 노력을 기울여 당시 가장 중요한 오락 수단으로서 라디오 수신기 보급을 더욱 촉진시켰다고 생각된다. 또한 라디오가 대중화되면서 라디오 매체의 신속성으로 인해 보도 매체로서의 역할이 부상되었다.

넷째, 1960년대 경제개발계획이 어느 정도 성과가 나타나면서 1960년 79달러이던 1인당 국민소득이 1963년에는 100달러, 1966년에는 125달러, 1970년에는 249달러로 점차 향상되어 라디오 수신기를 구입할 수 있는 능력을 갖춘 사람들이 증가했다. 구입할 능력이 없는 경우에도 라디오는 우선적으로 구입했던 것 같다. 전국적으로 라디오가 차츰 보급되면서 이에 자극받아 농촌에서도 집집마다 라디오를 구입하려는 경향이 나타난 것이다. 또한 도시로 나온 농촌 출신의 노동자들이 그들의 소득으로 농촌의 부모, 형제에게 라디오를 구입하여 보내 주는 사례도 적지 않았을 것이다.

∮ 1960년 전후 라디오의 제도화 과정

1960년 전후는 한국 사회에서 라디오가 제도화되는 역사적 전환기였다. 앞에서 살펴본 바와 같이 1959년 국내의 라디오 제작 생산과 1961년 군사쿠데타로 집권한 박정희 정부의 적극적인 보급 정책으로 라디오는 이제 특정 계층의 소유물이 아니라 보편적 매체로 위치하게 되었고, 1956년부터 전기 사정이 호전되어 철야 송전이 가능하게 되어 1960년 중반에는 한국의 대다수 지역에서 라디오 청취가 가능하게 되었다.

한편 1960년대 한국 라디오 방송의 경쟁 체제는 KBS, CBS에 이어 부산문화방송, 서울문화방송, 동아방송, 라디오 서울이 개국하면서 확대되었다. 이로써 정권 홍보를 담당하던 국영 방송인 KBS, 종교 방송이면서 미국으로부터 수입한 다양한 음악과 교양 프로그램을 확대한 CBS, 상업 방송 체제로 등장했지만 국가 주도적인 공익법인 형태의 MBC, 동아일보 소유로 보도 영역에 관심이 높았던 DBS, 재벌 기업이 소유한 라디오 서울^{동양방송} 등 다양한 소유 주체들이 방송사를 경영하게 되면서 라디오 방송은 급격한 변화를 맞이했다. 프로그램 제작과 편성의 다양화와 안정화라는 내적 변화와 정치적·산업적 변화와 같은 외적 환경의 변화가 결합되면서 제도화 과정이 진행되었다.

이 시기에 라디오 방송의 관행화가 자리 잡기 시작했다. 방송의 관행화는 프로그램을 연속적으로 제작하는가, 그리고 편성 계획이 지속성을 지니고 있는가와 관련이 있다.

1960년 전후 편성과 프로그램은 미군정기의 방송을 일부 계승했다. 미군정 기간에는 정시방송제, 15분 단위의 편성, 〈청취자 문예〉, 〈신인연예〉, 〈학생시간〉과 같은 청취자 참여 프로그램, 방송 시간의 확대, 〈천문만답〉, 〈스무고개〉 같은 미국 상업 방송의 영향을 받은 오락 프로그램들이 등장했다. 그러나 전체적인 제작 환경과 편성 맥락의 흐름을 보면, 미군정 기간 방송은 여전히 불안정한 상태였다. 라디오 제도는 국가권력으로 종속되었고 공보부와 조선방송협의 변칙적인 이원 제도를 운영함으로써 안정화되지 못했기 때문이다. 이같이 미군정 기간은 국가권력에 의한 방송의 종속성이 제도화되는 과정이었고, 이것이 이승만, 박정희 정부로 이어지는 기초가 되었다.

방송 프로그램은 공적 담론으로서 공적 영역과 접목되어 있지만 일상생활의 공간에서는 선택적인 여가 자원으로 수용된다. 한국 라디오는 1950년대 중후반에 이르러서야 좀 더 일상성과 친밀성에 근접한 프로그램 형식들을 확대하기 시작했다. 음악 프로그램에서 디스크자키[DJ]가 등장한 것은 여기 있는 사람과 다른 곳에 있는 사람 사이의 사적 대화의 확장이라는 점에서 중요한 변화를 담고 있다. 1958년 〈노래에 얘기 싣고〉[CBS]는 한국 최초의 DJ 프로그램이라고 볼 수 있는데 라디오가 갖는 사적 친밀성이 음악 프로그램과 드라마와 접목되어 나타났다.

미군정기 나타난 방송의 제도화가 청취의 맥락이나 청취자의 욕구에 따라 이루어진 사적 친밀성을 제공한 것은 아니었다. 미국식 상업주의의 도입이 당시 제작자에게 새로운 인식을 심어 주겠지만, 제작의 안정화나 편성의 합리화로까지 나아가지는 못했다. 1956년 이후에 비로소 진행된 정치적·산업적 변화와 더불어 전후 남산스튜디오, 연주소 준공 등의 제작 환경의 안정화, 〈희망음악〉

과 〈다이얼 Y를 돌려라〉와 같은 리케스트 음악 프로그램의 확대, 공개방송 프로그램 확대, 시리얼로서 연속극의 인기, 퀴즈, 장기자랑, 게임 등 오락 프로그램의 개발, 〈인생역마차〉, 〈이것이 인생이다〉 등과 같은 장수 프로그램들, 대중 참여 프로그램의 확대 등 민간방송인 CBS와 국영방송 KBS의 경쟁, 양적·질적 프로그램의 변화 등으로 제작의 관행화와 편성의 고정화가 이루어졌다. 대체로 1956년경 KBS 라디오 편성이 조각 편성에서 띠 편성으로 바뀌었고, CBS의 경우 1957년 겨울 편성부터 띠 편성으로 전환되었다. 이와 같은 편성의 변화는 프로그램 제작과 수용의 안정화가 이루어지기 시작했다는 것을 함축한다.

편성의 합리화는 라디오의 제도화 과정에서 중요한 또 다른 요소로 라디오 프로그램이 일상생활 지향적 편성을 하는가와 관련된다. 편성의 합리화는 초기 라디오에서 나타났던 신기성이나 테크놀로지로서의 흥미성이라는 수용을 넘어서서 라디오를 일상과 가정의 영역으로 위치시켰다. 시리얼serial 형식의 안정화는 1960년 전후 주목할 만한 현상이었다.

1956년에 인기 있었던 멜로드라마 〈청실홍실〉조남사 작은 방송 드라마의 새로운 지평을 열었다. 이 드라마는 KBS에서 1956년 10월 7일에 시작하여 매주 일요일 오후 9시 15분부터 45분까지 30분간 30회에 걸쳐 방송되어 1957년 4월 28일에 종료했다. 이 드라마는 많은 사람들이 드라마 방송 시간을 기다릴 정도로 붐을 일으켰고

'지금 이곳'의 현실을 보여 주면서 형식의 대중화에 결정적으로 기여했다.

1957년 조남사가 KBS 일일연속극 〈산너머 바다건너〉를 제작하면서 일일연속극은 1958년부터 본격적으로 정규 편성되었다. 1958년 일일연속극은 월요일부터 토요일까지 저녁 8시 40분~9시 사이, 재방송은 다음 날 오후 1시 05분~1시 25분으로 편성되었고, 매주 일요일에는 일요연속극이 8시 30분~9시, 월요일 오후 3시 30분~4시에 재방되었다. CBS도 1957년 12월 한운사의 〈이 생명 다하도록〉입체낭독소설, 밤 10:30~10:45을 시작으로 일일연속극을 편성했다. 1958년에는 〈우주항로〉, 〈사상의 장미〉, 〈찬란한 독백〉 등을 일요일을 제외하고 매일 방송했다.

한 번에 이야기가 끝나면서 시간에 종속되는 시리즈와 달리 시리얼은 이야기가 지속적으로 계속되면서 시간에 의해 이야기가 구속되지 않는 점에서 안정적인 청취자를 확보할 수 있을 뿐만 아니라 안정적인 편성을 유지하는 데 기여했다. 이것이 이미 고정 편성된 뉴스와 더불어 청취자의 일상생활 시간대를 반구조화半構造化하는 역할을 수행했다고 볼 수 있다.

∮ 1960년 전후 라디오 대중문화의 형성

1960년 전후 라디오는 다양한 문화 형식들을 재매개하면서 라디오 문화로서 자리를 잡아갔다. 여기에는 두 가지 요인이 함께 접합되었는데 하나는 미군정기 이후부터 지속되어 온 국가권력으로부터 종속화를 통한 공적 문화의 생산이며, 다른 하나는 개인화, 상업화, 일상성, 가족, 오락 중심의 사적 문화의 생산과 소비였다. 하나씩 자세히 살펴본다.

라디오와 국가공동체의 경험

박정희 정부는 5·16쿠데타 이후 라디오를 '국가 경험의 매개자'로서 위치시켰다. KBS 라디오는 1961년 5월 18일 오전 9시부터 동대문에서 대열을 갖춘 육군사관학교 학생 800여 명과 기간장교 400여 명의 시가행진과 이튿날 공군사관학교 학생 360여 명의 지지 시가행진을 생중계 방송했다. 이것은 권력이 라디오를 통해서 어떤 공적 경험을 대중들에게 제공하고자 했는지를 보여 준다. 대중이 '자유롭게 걸어 다니는 장소로서의 거리'가 아니라 '군사적 현장으로서의 장소'로 상징적으로 설정되었기 때문이다.

1960년대 초반 다양한 국가행사, 민족기념일, 대중 축제 등이 라디오를 통해 매개되었다. 예컨대 1961년 10월부터 1961년 9월까지 1년 사이에 라디오를 통해서 제공한 미디어 이벤트는 다음과 같다.

1960년 10월 1~2일 사이 제2공화국의 신정부 수립을 경축하는 각종 행사들과 제5회 국군의 날 기념행사를 양일에 걸쳐 KBS 제1 라디오에서 실황 중계했다. 12월 24일과 25일에는 철야 방송으로 크리스마스 특집 프로그램을 진행했고, 12월 27일부터 31일까지는 송년 특집 방송을 꾸몄다. 12월 31일부터 1월 1일 이틀 철야 신년 특집 방송, 2일부터 6일까지 릴레이 드라마, 신춘가요대전, 민요잔치, 신년음악회, 새해의 설계 등 다양한 새해 특집 프로그램이 편성되었다. 4월 14~15일에는 백령도 국군위문 공개방송, 4·19 1주년 특집 방송은 16일부터 22일까지 이어졌다. 6·25기념 위문 공개 방송은 6월 20일부터 6월 28일까지 9일에 걸쳐 〈퀴즈 올림픽〉, 〈노래와 경음악〉 등 다채로운 프로그램으로 구성되었다. 5·16쿠데타 이후 처음 맞은 8·15광복절은 8월 13일부터 8월 말까지 장기간에 걸쳐 진행되었다.『한국방송연감 1966』

1965년 KBS 라디오 비정규 편성 자료를 보면, 국가가 라디오를 통해서 어떤 상징적 공간을 설정하고자 했는지 알 수 있다. 라디오는 '현장^{locale}'으로서의 장소를 매개함으로써 국가공동체 경험을 확대했다. 라디오는 네 가지 현장, 즉 산업 현장, 역사·기억 현장, 공적 광장으로서의 현장, 군사적 현장을 매개했다. <표 2> 참고

<표 2> 현장으로서의 장소 매개

상징적 공간	사례들
산업 현장	제2한강교 개통식(영등포 상도동), 춘천댐 기공식(춘천), 백제교 기공식(부여), 진해 비료공장 기공식(진해), 신탄진 연초제조공장 준공식(신탄진), 제2영월 화력발전소 착공식(영월), 경인복선 개통식(영등포역), 국도 포장공사 착공 및 기공식(대전), 진삼(쁩三)선 개통(경남 사천), 서울~춘천 간 국도 포장공사 준공식(춘천)
역사·기억 현장	3·1절 타종(보신각), 33인 고인 합동 추념식(탑동공원), 식목일(동작동 국립묘지), 고 손병희 선생 동상 건립식(탑동공원), 현충일(동작동 국립묘지), 고 이승만 박사 장례식(이화장 국립묘지), 8·15경축식(보신각), 광복절 타종(보신각), 신라문화제(대구), 백제문화제(부여), 대현 율곡제(강릉), 개천예술제(진주), 한라문화제(제주), 제야의 종소리(보신각)
군사적 현장	ROTC 제3기 임관식(육본광장), 육군사관학교 졸업식(육군사관학교), 공군사관학교 졸업식(공군사관학교), F5 전투 폭격기 인수식(제10전투 비행단), 파월 장병결단식 해병 제2여단(포항 제1상륙단), 고 강재구 소령 육군장(육본광장), 한글날 기념식(육본광장), 진해 해군함대 관함식(진해 함대사령부)
공적 광장(운동장)으로서의 현장	월남 파병 환송 국민대회(서울운동장), 3·1절 경축식(중앙청 광장), 어머니날 기념식(장충공원), UN의 날 기념식(중앙청 광장), 철도청 창설 66주년 기념식(철도청 운동장), 월남 귀순 용사 이필훈 대위 환영대회(서울시청광장), 서울~춘천 간 국도 포장공사 준공식(춘천공설운동장), 성탄수 점화식(서울시청광장)
기타 현장	부활절 연합 예배(배제고), 석가 세존 봉헌식(조계사), 제미니 5호 발사 실황(미국 케이프 케네디), 미사 중계(명동천주교회), 새벽 성탄 예배(영락교회) 등

주창윤, 2011에서 재인용

여기서 특징적인 현장은 '군사적 현장으로서 장소 매개'다. 육군과 공군사관학교, 전투비행단, 진해 해군사령부 등은 일반 대중의 경험과 멀리 떨어져 있지만, 이것들은 부재한 공간이 아니라 현존

하는 공간으로 경험된다. 박정희가 처음 육군사관학교 졸업식에 참가한 것은 1963년이었다. 이때부터 박정희는 거의 매년 사관학교 졸업식에 참가하여 유시를 발표했고, 대통령의 사관학교 졸업식 참가는 관례화되었다. 한글날 행사 중계조차 육본광장에서 거행했다. 군사적 현장으로서 장소 매개는 박정희 정부 출범 이후 라디오 정규 프로그램에서 수없이 진행된 국군 위문 공연에서도 찾아볼 수 있다. 군사적 현장으로서 장소 매개는 군사적 권력에 대한 확장된 경험을 제공한다. 군사적 현장은 한국전쟁 이후 대립적인 긴장, 냉전 시대의 국제적 갈등 관계, 당시 국면적 상황으로 월남 파병 같은 긴박한 군사적 대립을 매개한다.

역사·기억 현장들로는 역사적 사건들에 대한 기념식과 '전통의 재창조'를 위한 장소들이다. 1965년 라디오로 매개된 장소를 보면, 탑동공원, 보신각과 더불어 각 지역 문화제 장소였다. 제4회 한산대첩 기념제, 제4회 대현 율곡제, 제4회 한라문화제 등을 보면 이들 지역 문화제가 1962년부터 시작되었음을 알 수 있다. 한산대첩 기념제와 율곡제의 경우, 이순신과 이율곡이라는 인물이 상징적으로 보여 주듯, 국가 위기와 통합을 라디오가 매개하고 있음을 알 수 있다.

산업 현장으로서의 장소 매개는 전근대적 개념으로부터 이동성의 확장을 통한 새로운 장소 설정을 제시한다. 제2한강교 개통식, 백제교 기공식, 경인복선 개통식, 국도 포장공사 착공 및 기공식대

전-영동, 진삼선^{진주-삼천포} 개통식 등의 중계는 공간 이동의 확장을 내면화한다. 이것은 탈후진성에 대한 경험을 제공하는 것으로 보인다. 한편 1965년 8월 21일 미국 케이프 케네디에서 발사된 제미니 5호 실황 중계는 선진화에 대한 공간 경험을 제공한다. 제미니 5호 발사 실황은 KBS뿐만 아니라 DBS에서도 밤 10시 40분부터 새벽 2시까지 중계되었다. 당시 방송 시간은 통상 자정에 끝나지만, 이날은 2시간 연장되어 중계되었다.

한국의 1960년대 정치권력이 라디오를 통해서 설정하고자 했던 근대적 경험은 강제적 국민국가^{nation-state}의 확대였다. 박정희 정부는 국민에 대한 감시 능력을 강화하고 폭력 수단에 대한 효과적인 통제력을 독점하기 위해 이데올로기적 기제로서 국가의 조직을 강화하기 위한 대표적인 수단으로 라디오를 활용했다. 이것은 1960년대 초중반 한국 사회의 '위험^{risk}'에 기초해 있었다. 1960년대 초중반 한국 사회는 북한의 침략에 대한 위험, 탈후진성 또는 빈곤이 주는 위험, 한국 사회 내에 분열이 주는 위험 등 극명하고 단순한 위험에 처해 있었다.

1965년 라디오 중계가 매개한 경험은 바로 이와 같은 위험에 기초했다. 즉 정치권력에 의해서 지배된 라디오의 상징적 공간 설정은 탈후진성을 위한 재장소화^{산업 현장과 근대화}, 북한의 침략과 이데올로기적 대립을 위한 군사적 현장으로서 재장소화^{군사 현장}, 재창조된 전통의 구성으로 민족주의의 이용을 통한 역사의 재장소화^{역사·기억}

현장, 국가권력이 대중을 동원하고 통제를 조직화하기 위한 재장소화공적 광장의 왜곡 등이었다. 이것은 서로 분리된 것이 아니라 콜라주 효과를 만들어 내면서 라디오는 정치적 기능을 수행했고, 대중의 일상을 지배하는 이데올로기적 기제로 활용되었다.

라디오 경험의 사사화

정치권력은 1960년대 한국 사회가 처한 위험을 극복하고 정당화하는 기제로 라디오를 활용하여 국가공동체의 경험을 확대했다. 그러나 다른 한편으로 대중은 오락을 중심으로 라디오의 경험을 '사사화私事化, privatization'했다. 여기서 사사화라는 개념은 새로운 미디어 테크놀로지의 도입과 관련해서 "새로운 접촉을 위해서 필요한 욕구나 그 결과로서 얻어지는 성취나 반응"을 말한다. 사사화의 경험은 책, 잡지, 신문, 영화, 라디오, 텔레비전 등 다양한 매체를 통해서 얻을 수 있다.

1960년 전후 한국 사회에서 라디오는 다양한 문화 형식들을 수렴하면서 통합 문화 매체로서 위치해 있었다. 이것은 라디오 프로그램의 다양성을 높여 주기도 했지만, 라디오의 특성에 적합하지 않은 문화 형식들이 혼종되어 있었다는 것을 의미하기도 했다.

1963년 라디오 주 청취 시간대18시~23시를 보면, 다양한 프로그램의 형식들이 편성되었다. <표 3> 참고 음악 프로그램은 전체 49.0%를 차지했는데 방송사별 선호 장르는 차이가 있었다. KBS는 가요, 클래식·경음악, 국악 등을 골고루 편성했고, CBS는 전체 음악방송 시간 1,265분 중에서 클래식·경음악이 875분이나 차지할 정도로 클래식 음악과 연주에 높은 관심을 두었다. DBS는 외국가요[팝송과 상송]와 국악/민요, MBC는 국내가요 프로그램의 편성 비율이 상대적으로 높았다.

전체 음악 프로그램 4,135분 중 가요 1,470분[33.6%], 클래식·경음악 1,265분[30.6%], 팝송·상송 505분[12.2%], 국악·민요 380분[9.5%], 노래자랑과 음악 종합이 각각 210분[5.1%]을 차지했다. 클래식·경음악과 국악·민요의 비중이 높았다. 이같이 1960년대 초반 라디오 음악 프로그램은 고급문화와 대중문화, 전통음악과 현대음악의 다양한 장르를 통합하고 있었다.

소설, 수필, 시 등이 라디오 프로그램 형식으로 제작되었다. 그리고 상영 중인 영화나 고전 영화도 라디오 프로그램으로 각색되었다. 반대로 1950년대 후반부터는 라디오 드라마가 영화로 제작되는 경우도 많았다. 라디오 연속극이 영화로 제작된 이유는 라디오 드라마의 인기를 영화에서도 누려 보자고 하는 상업적 의도 때문이었다. 1962년에는 레코드 드라마가 등장하기도 했다.

<표 3> 1963년 11월 첫째 주 청취 시간 라디오 편성 비율(18:00~23:00)

(단위: 분)

장르		KBS	MBC	CBS	DBS	소계
드라마	연속극	430	335	30	245	1,040
	단막극	90	130		35	255
	다큐드라마			180	190	370
	소계	520(24.5)	465(22.1)	210(10.1)	470(22.5)	1,665(19.7)
음악	가요	240	625	200	405	1,470
	클래식/경음악	115	90	875	185	1,265
	팝송/상송	60	180	25	240	505
	국악/민요	100	30	80	170	380
	노래자랑	30	115		65	210
	음악종합	210				210
	찬송			65		65
	소계	755(36.2)	1,040(49.5)	1,245(59.3)	1,065(50.7)	4,105(49.0)
퀴즈			155(7.4)	215(10.2)		370(4.4)
버라이어티쇼	만담	30(1.4)	70(3.3)	30(1.4)	40(1.9)	170(2.0)
대담		135(6.4)	115(5.5)	80(3.8)	215(10.1)	545(6.5)
뉴스·시사		80(3.7)	135(6.4)		230(11.0)	445(5.3)
교양	상담	20	60	105		185
	국가시책	110				110
	국군방송	210				210
	소계	440(20.6)	60(2.9)	105(5.0)		605(7.2)
방송문예	수필	10(0.4)				10
	낭독, 영화			110	85	195
	소계			110(5.2)	85(4.0)	205(2.4)
종교				115(5.5)		115(1.4)
기타	어린이 등	75(3.6)		205(9.7)		280(3.3)
	계	2,100	2,100	2,100	2,100	8,400

주창윤 2011에서 재인용

이같이 1960년 전후 라디오에는 음악 형식들^{공연, 연주, 경연 등}, 공연예술, 문학, 영화, 레코드에 이르기까지 다양한 문화 형식들이 들어와 경쟁했다. 이 시기는 '듣는' 매체인 라디오의 특성에 적합하지 않은 문화 형식들이 포함되어 서로 경쟁했고, 라디오의 기술적 특성과 수용의 맥락에 맞는 형식들이 살아남는 전환기였다.

그리고 1960년 전후 라디오 서사보도, 강연과 같은 교양 프로그램, 퀴즈, 음악 프로그램과 같은 오락 프로그램을 제외한 문학예술 분야의 특징은 다양한 매체 형식들이 결합된 혼종으로부터 탈피하는 과정에 놓여 있었다. 문학, 음악, 공연, 드라마 등이 모호하게 결합된 과도기에서 일일연속극이 부상하면서 라디오 서사 사이의 경쟁이 이루어지고 불안정한 서사 형식들은 사라졌다. 소설, 수필 등과 같은 인쇄매체 중심의 '읽기 서사'는 낭독의 형식으로 들어왔지만 경쟁력을 잃었고, 연극, 창극 등과 같은 무대예술이나 영화와 같은 시각예술도 마찬가지였다. 1960년대 초반부터 시리즈와 시리얼로서 드라마는 라디오 서사들의 경쟁 과정에서 우세 종으로 자리를 잡아갔다.

1960년 전후 한국에서 가장 인기 있었던 라디오 장르 중의 하나는 수기 드라마였다. 수기 드라마는 청취자가 자신의 사연을 방송사에 보내면, 방송사 작가들이 그것을 드라마로 재구성한 것이었다. 대표적인 프로그램으로는 1958년 최고 인기 프로그램이었던 〈인생역마차〉1954~1958를 비롯해 〈인생극장〉1962~1963, 〈양지를 찾아서〉1963~1973이상 KBS, 〈이것이 인생이다〉1959~1966, 〈여기 한 길이 있다〉1966~1973이상 CBS, 〈절망은 없다〉MBC, 1964~1973, 〈이 사람을!〉DBS, 1963~1966 등이 있다.

<표 4> 1960년대 전후 청취율 상위 10위 프로그램

순위	1958년		1960년		1963년	
	제목	장르	제목	장르	제목	장르
1위	인생 역마차	다큐 드라마	연속 방송극	드라마	연속 방송극	드라마
2위	노래자랑	음악 (경연)	아마 츄어쇼	음악 (경연)	아마 츄어쇼	음악 (경연)
3위	노래수첩	음악	마음의 샘터	낭독	퀴즈 올림픽	퀴즈
4위	스타탄생	경연	스타탄생	경연	직장음악	음악 (경연)
5위	스무고개	퀴즈	라디오 게임	퀴즈	민요를 찾아서	음악
6위	누구 일까요	퀴즈	빛을 남긴 사람들	다큐 멘터리	희망 음악회	음악
7위	노래와 경음악	음악	가정 음악회	음악	수요일밤의 향연	음악
8위	민요만담	버라 이어터	일요 연속극	드라마	일요 연속극	드라마
9위	산너머 바다건너	드라마	가정 상담실	상담	오후9시 뉴우스	뉴스
10위	노래잔치	음악	의학 상담실	상담	어린이 시간	

《방송》 1958년 2월호, 1960년 여름호, 1963년 5월호에서 재구성(주창윤 2011에서 재인용)

〈이것이 인생이다〉는 1966년 이전까지 당시로는 최장수 연속 기록을 수립한 드라마이고, 1966년 종영된 이후 유사한 포맷으로 〈여기 한 길이 있다〉가 8년 동안 제작되었다. 〈절망은 없다〉 역시 10년 동안 방영되다가 1975년 다시 편성된 정도로 인기가 있었다. 〈이 사람을!〉은 자선극이라는 이름으로 어려운 환경에 처해 있는 사람을 드라마로 소개하고, 직업을 구해 주거나 모금을 해서 도움을 주는 프로그램이었다. 이와 같은 수기 드라마들이 장수할 수 있었던 것은 그만큼 청취율이 높았기 때문이다.

〈인생역마차〉는 수기 드라마가 인기를 끄는 데 도화선이 되었다. 〈인생역마차〉는 대부분 혼외정사, 불륜, 결혼을 둘러싼 갈등 등을 다루었는데 멜로드라마의 요소를 담고 있다. 〈인생역마차〉는 청취자의 사연을 방송 드라마로 내보내고 2주 후 청취자 또는 사회 저명인사의 의견을 방송했다. 청취자의 사연에 답글을 올렸던 해답자들은 이상노, 정비석, 이무영, 조경희, 노천명, 유호, 박종화, 구상, 곽종원 등 시인, 소설가, 극작가, 수필가, 비평가뿐 아니라 정치인인 박순천, 민관식, 조정환, 관료조원환, 김종호 등, 대학 교수조규동, 임영빈 등, 종교인, 언론인 등 다양한 명명가들이었다.

〈인생역마차〉의 사연들은 애정과 가정 문제에 집중되었는데, 전후 급변하는 사회 속에서 변화하는 윤리 문제를 담았으며 당대 사회를 맥락화했다. 〈인생역마차〉는 인기를 끌었지만 일상생활의 어두운 측면만 과장·반복했다는 비판으로 인해 폐지되었다. 그러나 1962년 KBS는 〈인생극장〉이라는 수기 드라마를 다시 제작했고 1960년대 초반부터 수기 드라마는 전성기를 맞이했다.

한국전쟁 후 한국 사회에서 심각하게 제기되었던 문제들 중의 하나는 무너진 성 윤리, 가정 문제였다. 전쟁의 결과로 인구 변동과 인구 이동에 따른 가족의 변화, 전통윤리의 해체 등 사회의식 변화가 급속히 진행되었기 때문이다. 수기 드라마들은 실제 경험을 바탕으로 성 윤리와 가정 문제를 다루고 있어서 청취자들에게 사실성을 높여 주었으리라 생각할 수 있다.

1960년 전후 가정 내에서 발생했던 도덕적 딜레마를 극화함으로써 청취자들은 정서적 리얼리즘을 경험했을 것이다. 당대 대중이 전후 체험했던 비극적 정서의 구조는 수기 드라마 등장인물의 비극성을 공명하는 데 기여했을 가능성이 높다. 게다가 수기 드라마들은 〈인생역마차〉나 〈여기 한 길이 있다〉 등과 같이 의견과 조언을 해 주거나 〈이 사람을!〉에서처럼 실질적 도움을 제공함으로써 대중에게 가정의 안정성을 확인해 주는 기능도 수행했을 것이다. 비록 자신에게 직접 발생한 일은 아니라고 하더라도, 주변 사람 간에 충분히 발생할 수 있는 일이라는 참조적 회상을 통해 드라마의 경험을 사사화했을 것이다. 당대 청취자들은 현실에서 보이는 다양한 사람의 실제 경험을 사사화함으로써 정서적 공감을 확장했으리라 생각할 수 있다.

1960년대 초반 라디오가 매개한 경험은 근대화, 국가주의 등과 관련된 경험으로 상징적 장소들을 제공해 왔다. 이와 같은 라디오가 전달하는 근대적 경험들은 박정희 정부의 근대화 프로젝트와 맞물려서 지속적으로 이루어졌다. 라디오가 매개한 공적 경험들은 합의와 동의의 기제로서 작동했을 것으로 생각된다. 동시에 대중은 라디오 프로그램을 선택적 여가 자원으로 활용하여 변화하는 일상생활 속에서 당대의 비극이나 정서를 라디오 프로그램을 통해 공유함으로써 즐거움을 얻었으리라 추측된다. 수기 드라마뿐만 아니라 〈가정상담실〉, 〈인생독본〉, 〈마음의 샘터〉 등과 같은 상담이나 개인 성찰과 관련된 프로그램들도 개인의 고통이나 슬픔을 사사화함으로써 심리치료나 위무의 역할을 담당했을 것이다.

_____ ♪ 한국 대중문화의 중심

1960년 전후 라디오 문화는 대중문화 중심으로 부상했으며, 대중은 라디오를 통해서 경험을 확장해 나갔다. 라디오는 공적 경험과 사적 경험을 매개하는 역할을 담당함으로써 개인, 가정, 마을공동체, 국가공동체를 이어주는 매체로서 역할을 수행했다. 게다가 당시에 라디오 서사는 다양한 문화 형식들을 포괄함으로써 '듣는' 경험을 넘어서서 '읽거나', '참여하도록' 청취자를 이끌었다. 이런 측면에서 본다면 라디오를 들었던 사람은 '라디오 청취자'였지만 동시에 '라디오 독자reader'였고, 중요한 외부 사건과 세계에 상상적으로 참여함으로써 '라디오 관객spectator'이 되기도 했다. 그러나 라디오가 제도화되어 가면서 청취자는 '독자'나 '관객'의 위치에서 벗어나기 시작했다.

한국 사회에서는 1960년대 초반 라디오가 제도화되면서 라디오 중심의 대중문화가 형성되었다. 1927년 일제강점기에 라디오가 처음 도입되었지만, 그것이 사회 매체로서 대중의 삶 속에 위치되었다고 말하기는 어렵다. 미군정 시기에도 라디오는 편성, 제작, 프로그램에서 일부 제도화되었지만, 라디오는 국가권력에 종속되었고 편성의 안정성과 합리화가 이루어진 것은 아니었으며, 대중의 수용도 제한적이었다. 라디오가 사회적 매체로서 제도화된 것은 1960년대 전후였다고 볼 수 있다. 미국이나 유럽에 비해서 라디오의 제도화 과정이 늦어진 것은 일제강점기, 미군정기, 한국전쟁 등과 관련된 한국 사회의 급격한 변동 때문이었다.

1960년 전후 라디오는 다양한 문화 형식들을 재매개하면서 라디오 문화로서 자리를 잡아 갔다. 여기에는 두 가지 요인이 함께 접합되었는데 하나는 미군정기 이후부터 지속되어 온 국가권력으로부터 종속화를 통한 공적 문화의 생산이며, 다른 하나는 개인화, 상업화, 일상성, 가족, 오락 중심의 사적 문화의 생산과 소비였다.

공적 문화는 근대화 프로젝트와 맞물려 지속적으로 이어졌고, 사적 문화 영역에서는 다양한 문화 형식들이 혼종된 프로그램이나 서사가 경쟁을 거치면서 배제되거나 안정된 장르로서 자리 잡았다. 불안정한 서사 장르나 라디오의 수용 맥락에서 적합하지 않거나 듣기 매체로서의 속성을 제대로 담아내지 못하는 장르들은 사라지게 되었다. 강연, 공연, 문예, 입체낭독, 창극, 뮤지컬 형식들은 대중의 관심에서 멀어지면서 사라진 것이다. 반면 당대 시대 상황을 반영하는 시리즈와 시리얼로서 드라마, 대중의 참여를 유도하는 공개방송, 경연퀴즈, 음악, 사적 친밀성을 보여 주는 DJ 프로그램 등은 오락 영역에서 안정화된 위치를 확보했다.

한국 라디오 방송 전성시대를 연 <청실홍실>

한국에서 한때 라디오 방송의 전성시대가 있었다. 한국에서 라디오 수신기가 급속하게 보급되고 청취자 대중이 광범하게 형성되면서 라디오가 지배적인 매체로 영향을 미쳤던 시기는 대체로 1950년대 중반 이후 특히 라디오 수신기가 국내에서 생산되기 시작한 1950년대 말부터 1970년대 들어 텔레비전 수상기의 보급이 확대되면서 전국적으로 그 사회적 영향력이 라디오를 능가하기 시작하던 무렵까지 라디오는 방송 미디어의 중심이었다.

〈청실홍실〉, 〈산 넘어 바다 건너〉 같은 라디오 연속극이 방송되는 시간에는 동네 주부들이 라디오 있는 집에 옹기종기 모여 라디오 앞에 쭈그리고 앉아 방송을 듣곤 했다. '붐'을 촉발시킨 것은 〈청실홍실〉조남사 작, 이경재 연출이라는 KBS 일요 드라마였다. 이 드라마는 1956년 10월 7일에 시작하여 매주 일요일 오후 9시 15분부터 45분까지 30분간 30회에 걸쳐 방송되어 1957년 4월 28일에 종료했다. 이 드라마는 장래가 촉망되는 엔지니어를 가운데 두고, 전쟁 때 남편을 잃은 미망인과 부유한 집안의 처녀가 벌이는 사랑의 삼각관계를 다룬 성인 대상 드라마이다.

한국 방송 드라마의 보편적 양식은 애정·가족 소재에 뚜렷한 결말이 있는 닫힌 형태의 시리얼 형태의 프라임 타임대 솝오페라·멜

로드라마이다.* 이러한 창작·장편 시
리얼 형태를 갖춘 최초의 한국 드라
마가 이 〈청실홍실〉이다.

〈청실홍실〉이 대중으로부터 큰 인
기를 얻자 1957년 2월 10일 자《한국
일보》는 이를 '청실홍실 붐'으로 불렀
다. 당시 라디오는 수신기의 보급 대
수가 1948년 수준의 18만 5천 대^{추산}
에 불과해 이 드라마의 대중적 반향
을 요즘처럼 크게 볼 수는 없다. 그
러나 〈청실홍실〉 이후 같은 시간대에
그와 성격이 유사한 〈꽃피는 시절〉^박
^{진 작, 김규대 연출}과 〈봄이 오면〉^{이서구 작, 연}
^출 등이 계속 편성되면서 처음으로 드
라마 시간대가 생겨나고, 바로 그해
에 같은 작가의 애정 소재 드라마인
〈산 넘어 바다 넘어〉^{조남사 작, 이보라 연출}가

그림 31 한국성우협회, 『한국 라디오
드라마사』
그림 32 최창봉, 강현두, 『한국 라
디오 드라마사』『우리 방송
100년』 *그림 31, 32 라디오스타박
물관 소장

일일극으로 방송되는 등 바야흐로 '연속극의 시대'가 열렸다. 더구
나 이러한 드라마의 경향성이 나중의 텔레비전까지 그대로 이어져

---

* 솝오페라 soap opera 라는 이름은 주로 주부들이 드라마를 듣다 보니 주부 대상의 비누 회사가 스폰
서로 참여하는 경우가 많아 붙인 이름. 대표적으로 미국의 인기 드라마 '달라스'가 있다.

한국방송에서 가장 중요한 장르로 정착되는 점은 〈청실홍실〉이 하나의 역사적 계기가 되었다고 할 수 있다. 이처럼 〈청실홍실〉을 한국방송의 근대적 숍오페라·멜로드라마의 기원으로 볼 수 있다.

〈청실홍실〉의 라디오 작품과 극본은 현재 남아 있지 않다. 그러나 그 줄거리는 다이제스트 형식으로 1959년 《방송》지 겨울호에 실려 있으며 이를 요약하면 다음과 같다.

6·25 전쟁 이전에 신애자를 사랑했던 나용복은 전쟁 이후 자신이 기술부장으로 있는 동방화학의 여비서 채용시험장에서 이제는 미망인이 된 신애자를 발견하게 된다. 당시 애자는 홀로 시어머니를 모시면서 고아원을 운영하는 중이었다. 그런데 그 시험장에는 나용복을 사랑하는 또 다른 여인인 동방화학 김 사장의 친구 딸인 한동숙도 있었다. 애자를 잊지 못하고 있었던 용복은 처녀를 위장하고 있었던 애자를 여비서로 뽑았고, 이 관계를 우연히 알게 된 김 사장은 이 둘을 같이 출장 보내 인연을 맺어 주려 한다. 그러나 우연으로 나용복은 동숙과 같이 마산에 가게 되었고, 동숙은 용복에게 사랑을 고백하지만 용복은 이를 거절한다. 이러한 동숙의 적극적인 구애는 그녀를 애자에게도 찾아가게 만들어, 애자에게 용복의 포기를 종용한다. 그러다 동숙의 아버지인 한 사장이 뇌일혈로 쓰러지고 그가 운영하던 기업 또한 사채업자에게 넘어가면서

동숙은 실의 끝에 자살을 기도하나 생명을 잃지는 않는다. 그 사이 용복과 애자의 사랑은 깊어 가지만, 여전히 애자는 주위의 눈 때문에 괴로워한다. 그때 마산에서 요양 중이던 김 사장의 부인이 죽으면서, 김 사장에 대한 도덕적 부채로 애자의 괴로움은 더욱 커진다. 김 사장의 권유로 애자가 김 사장 집으로 들어가는 날, 애자를 잃을지도 모른다는 위협을 느낀 용복은 만취하여 경찰서 신세를 진다. 다시 건강을 회복한 동숙은 애자와 같이 고아원을 운영했던 윤철을 따라가 그와 결혼하게 되고, 미 국무성의 초청을 받아 도미하는 용복의 송별연에서 용복과 애자는 장래를 굳게 맹세한다.

이렇게 플롯 면에서 〈청실홍실〉은 역경을 뚫고 사랑에 성공하는 로맨스 주제와 미망인의 욕망과 사랑, 매력적인 처녀의 적극적 구애 같은 터부적 소재, 운명적 우연과 반전, 해피엔드^{결혼} 등을 기본 구성으로 망라한 전형적인 멜로드라마이다.

이 드라마는 작가 조남사의 개인 창작물이다. 방송 일을 시작한 이후부터 조남사는 성인 대상의 연속극에 관심이 있었고 연속극의 최소한의 조건인 철야 송전이 가능해진 것을 미국에서 알게 되면서 〈청실홍실〉을 구상했다. 조남사는 6개월간의 미국 시찰을 마치고 1956년 9월 말에 귀국했으며 10월부터 〈청실홍실〉의 집필을 시작했다. 〈청실홍실〉의 구체적 집필은 조남사가 했으나 〈청실홍실〉의 방송과 성공에는 많은 사회적·정치적·문화적 요소들이 들어 있다.

먼저 〈청실홍실〉의 방송 과정에서 KBS가 큰 역할을 했다. KBS 는 1956년도 들어 방송망과 스튜디오 시설을 비롯해 파괴된 시설에 대한 복구가 일단락되어 가고, 또 10월 1일 해방 후 처음으로 채널을 두 개로 늘리면서[이중 방송의 실시], 이를 하나의 전기로 삼는 성인 대상 현대물을 기획, 당시 연출계장이었던 조남사에게 이를 맡겼다. 이 점은 KBS가 〈청실홍실〉의 중요한 제작 주체 중의 하나였고, 그 KBS가 정치의 직접적 수단이 될 수 있는 국영이었으므로 〈청실홍실〉 역시 그 입김을 벗어나기 어려웠다는 점을 말해 준다.

또 일제하부터 방송 드라마에 대한 시도가 꾸준하게 이어져[조남사 또한 일원인] 작가, 성우, 음향·효과, 음악, 녹음 등 방송의 전문성과 테크놀로지가 꾸준하게 성장한 점도 중요하다. 조남사의 미국 경험[더불어 당시의 할리우드 멜로 영화들] 또한 영향을 미쳤을 것으로 보인다. 다른 한편, 철야 송전이 가능해 연속이 끊어지지 않게 된 점, 1956년이 전쟁의 혼란이 안정되어 가면서 묻혀 있던 "민중의 잠재적인 정서가 현화식물顯花植物처럼 피어나는" 시기로 〈청실홍실〉을 방송할 수 있는 인프라가 마련되어 있었다.

〈청실홍실〉은 대중 장르에서는 신파극, 방송에서는 수기 각색 드라마인 〈인생역마차〉, 영화에서는 〈자유부인〉 등에 한편으로는 영향을 받았으나, 다른 한편으로는 이들과 상당한 차별성을 보였다.

〈청실홍실〉은 플롯 설정의 차이, 개연성 있는 해피엔드, 특정하게 구분되지 않는 선악, 인물 내면의 자각 과정 등에서 신파극과 달랐다.

〈청실홍실〉에 영향을 준 것으로 보이는 것으로 1954년에 처음 방송되어 큰 인기를 모았던 청취자 수기의 각색 드라마 〈인생역마차〉가 있었다. 이 프로그램은 주로 파란의 한국 현대사를 살아간 여성들의 기구한 인생, 특히 '어찌 하오리까'식 선택의 기로를 드라마화한 일종의 에피소드 시리즈이다. 소재만으로 보면 〈청실홍실〉역시 〈인생역마차〉의 한 회분으로 다루어졌음직한 것이다.

물론 플롯과 구성 면에서 〈청실홍실〉은 〈인생역마차〉와 다르다. 〈인생역마차〉는 전부가 비극적이었고, 그 스토리의 전개 방법은 사연의 자초지종을 끝까지 들려주는 것이 아니라 극적인 위기 또는 클라이맥스를 암시한 다음 곧 끝을 맺게 하여 그 해결을 청취자의 손에 맡기는 플롯을 취하고 있었다. 이에 비해 〈청실홍실〉은 장편의 신축성과 여유를 가지고 사건이 일정한 순서에 따라 전개되는 내러티브를 가지며, 여러 장애와 어려움을 딛고 애정의 승리를 쟁취하는 로맨스 장르의 플롯을 띠고 있다는 점에서 〈인생역마차〉와 다르다.

〈청실홍실〉은 〈인생역마차〉의 설정, 시리얼의 형식, 솝오페라식 전개와 에피소드식 구성, 그리고 로맨스 멜로의 낙관적 해결로 마무리하는 형태로 볼 수 있다.

〈인생역마차〉는 1958년에 폐지되는데 그 이유는 일상생활의 어두운 측면만이 과장·반복되어 전파되는 데서 기인되는 사회적 영향을 우려했기 때문이다.〈인생역마차〉의 폐지에 대한 KBS의 정서는, 국토의 양단을 당하고 있는 우리의 처지로서 멸공으로 통일을 이룩하고 민주국가 건설을 지향하는 건실한 내용의 목적을 간직한 작품이 절실하며 또한 국민 생활 명랑화를 근본적으로 다루며 국가시책에 호응하도록 하는 의식의 고취가 은연중 내포되어 있어야 한다는 것이었다. 이러한 성격의 '건실'과 '명랑'은 논픽션인 〈인생역마차〉의 리얼함과 쉽게 어울릴 수 없었을 것이다. 이 점에서 멜로드라마·솝오페라의 해피엔드는 자기 검열의 한 반영물이라고 볼 수도 있다.

또 〈청실홍실〉은 같은 해에 영화화되어 무려 13만 명을 동원해 센세이션을 일으킨 멜로 영화 〈자유부인〉과 비교해 보면, 둘은 당시 가치관의 대립과 갈등을 그리면서 금기 위반에 대한 처벌을 통해 교훈적 가치를 설파하는 이중성을 보여 주고 있는 점은 같지만, 〈청실홍실〉이 표현이나 정도 면에서 훨씬 강도가 약했으며 결론 역시 계몽적이었다. 이러한 유사점과 차이점은 〈청실홍실〉이 반영한 리얼리즘적 일상과 방송의 계몽적 성격에 기인하는 것이었다.

근대적 솝오페라·멜로드라마의 기원으로서 〈청실홍실〉의 성격 및 의의는 다음과 같이 정리해 볼 수 있다.

첫째, 이 드라마의 가장 중요한 점으로, 많은 국민들에게 공감을 불러일으킨 소재와 근대적 인간형을 들 수 있다. 최초의 현대적 시리얼 작품인 〈청실홍실〉이 다룬 '지금 이곳의' 보편적 소재와 일상은 사극, 어린이극, 각색 수기에 머물러 있었던 방송 드라마의 세계에 새로운 지평을 열어 주었다. 그리고 착한 미망인 애자를 통해 당시 50만 명이 넘었던 전쟁미망인의 성性을 하나의 사회적 악으로 간주하고 이를 억압하려 했던 지배 이데올로기에 애자라는 어젠다agenda를 다루는 그 자체로 하나의 사회비판이 되었다. 많은 청취자들은 동숙의 발랄한 태도를 선망하면서도, 그에 좌절하지 않으면 안 되었던 애자를 동정했고, 마치 애자를 수난당한 자신의 한 분신처럼 느꼈다. 물론 애가 없던 애자는 당시 미망인의 전형은 아니다. 그러나 바로 그 점이 상대편, 즉 용복이나 동숙과 같이 애자 또한 가족에 메인 구성원이 아닌 독립적 개인으로 만든 장치임을 무시해서는 안 된다. 이 지점에서 〈청실홍실〉은 이전이나 이후의 신파와 구별되는, 적극적인 형태의 멜로드라마가 된다.

둘째, 〈청실홍실〉의 해피엔드는 사회적·정치적·대중적 산물로 당시 공동체가 공유하고 있던 '꿈'이었다. 해피엔드는 처음부터 정해져 있던, '기획'의 설정으로 보인다. 〈인생역마차〉의 폐지 과정도 같은 맥락에서 이해할 수 있다. 조남사 작가는 해피엔드의 개연성을 높이기 위해, 용복을 '거세된 현대인'인 로맨스 영웅으로 설정하고, 용복의 가족을 나오지 않게 했으며, 용복과 애자를 과거 첫사랑의 관계로, 김 사장을 청교도적인 인격의 소유자로 만들었고, 애자에게는 따로 달린 아이가 없도록 했다. 그러나 당시 사회적 필요성은 컸지만 가부장제의 극심한 통제로 인해 거의 재혼하지 못했던 미망인들의 현실에 비추어 볼 때, 전통적 여인상의 여주인공 애자에게 돌아간 사랑의 승리는 꿈·판타지에 가까운 결과이다. 이 판타지는 강자를 선호하는 현실적 가치관에 대한 대중들의 자기 반발 심리를 대리 실현해 주면서, '객관적 현실'이 주는 억압성에 지쳐 있던 당시 청취자들의 정서 구조를 위로해 주었다. 그리고 무엇보다도 이 꿈은 생활의 '명랑화'를 추구하면서, 전쟁으로 인해 동요된 가부장제를 보수하려 했던 당시의 체제와 방송 조직이 추구했던 것이기도 하다. 따라서 이 꿈은 다른 한편으로 멜로드라마가 가진 친(親)체제성을 가장 잘 보여 주는 대목이 된다.

셋째, 등장인물의 숨겨진 욕망을 드러내는 직설적인 대사는 〈청실홍실〉의 큰 장점이었다. 예를 들면, "당신애자에게 필요한 것은 사랑이 아니라 남성 바로 그것일 거예요"극중 동숙의 말, "내 앞에 애자라는 여성이 나타나지만 않았던들 나는 동숙이와 결혼했을 거야"극중 용복의 말, "한 여자가 한 남자를 사랑하는 데 무슨 자격이 필요해요!"극 중 애자의 말 등과 같은 대사는 이의 편린을 보여 준다. 이러한 직설적 대사는 〈춘향전〉 같은 전래의 고전이나 신파에서도 즐겨 쓰였던 것으로 나중의 김수현 같은 작가의 드라마에서 개화되는 한국 드라마의 중요한 특징이다. 그리고 〈청실홍실〉을 비롯한 한국 솝오페라·멜로드라마의 오프닝 때의 주제가는 직전의 내용을 청취자에게 환기시켜 주고, 드라마에 몰입할 수 있는 나름의 정서를 조성한다. 이러한 주제가에서도 〈청실홍실〉은 크게 성공한 기원이 된다.

그러나 이후에 이어진 드라마들과 1960년대의 라디오 드라마 붐 등에서 〈청실홍실〉의 이 같은 측면은 계승되기도 단절되기도 했다. 계승의 하나는 〈동심초〉조남사 작, 1959 등의 애정 소재 드라마였고, 그 둘은 〈로맨스 빠빠〉김희창 작, 1959, 〈박서방〉김영수 작, 1960 등의 홈드라마였다. 이러한 드라마들의 이면에는 전통과 근대의 갈등, 금기의 파괴와 복원 같은 사회적 문제가 깔려 있었다. 그러나 이 같은 계승은 1960년대의 사회적 변화 —드라마의 영화화, 상업 방송을 비롯해 급증한 방송들 사이의 치열한 경쟁, 빠른 산업화·도시화와 라디오의 대중적 보급 등— 와 극심한 표현의 한계가 맞물리면서 심각한 단절을 초래했다. 드라마의 상업화가 지배하면서 수준 낮은 멜로드라마, 곧 '양식 자체의 과잉', '멜로를 위한 멜로'가 성행하게 된 것이다. 그리고 이러한 유산들은 텔레비전에 그대로 이어져 한국 방송 문화의 근간을 형성했다.

〈청실홍실〉은 같은 제목의 TBC TV 주말 드라마극본 조남사, 연출 고성원로 제작되어 1977년 4월 2일부터 1977년 10월 8일까지 토요일·일요일 20:15~21:00에 방송되었다. 이 드라마에는 당시의 최고 인기 배우들인 김세윤, 정윤희, 장미희, 강부자, 백일섭 등이 출연하여 큰 인기를 모았다.

한국의 라디오 전성기 음악방송

_____ ♪ 일제강점기와 라디오 전성기 이전 라디오 음악방송

한국에서 라디오 방송은 1927년 2월 16일 경성방송국이 개국하면서 시작되었다. 그러나 라디오가 조선의 대중과 가깝게 다가가는 데는 시간이 걸렸다. 라디오 방송이 일본어 중심으로 이루어졌을 뿐만 아니라 비싼 수신료를 지불해야 했기 때문이다.

일제하의 라디오가 조선 대중의 음악문화에 미친 영향은 경미한 것이었다. 프로그램 편성 원칙도 보도, 교양, 오락 세 부분으로 나뉘었는데 '오락' 분야에는 음악 이외의 장르도 있었고, 음악의 경우도 대중음악 외에 전통음악이나 서양음악^{이른바 '클래식' 음악} 비중이 높았다. 1933년 일본어 방송 외에 조선어 방송이 시작된 이후에도 대중음악의 방송 횟수는 연 60~80회 정도로 주당 1.5회에 정도에 지나지 않았다. 1937년 이후 대중음악의 방송 횟수가 많았다고 하더라도 이른바 '군국가요'의 방송이 늘어났기 때문에 양적 횟수는 그 자체로서 중요하지 않았다. 1942년 이후 일본의 전황이 어려워지자 대중음악 방송 횟수는 연 10회 이하로 줄어들면서 라디오 음악방송은 완연한 침체기에 접어든다.

경성방송국은 식민지 정부의 시책을 반영하도록 통제되었기 때문에 상업적 매체의 성격이 강하지 않았다. 이후에 '공영' 또는 '관제'라는 이름으로 불리게 될 방송의 속성은 이때 하나의 맹아를 형

성했다고 볼 수 있다. 그 하나의 예로 1935년과 1940년 두 차례 방송국이 직접 가사를 현상 모집하고 여기에 곡조를 붙인 대중가요가 방송된 적이 있었다. 방송국이 주도적으로 나서 대중가요를 제작해서 방송했다는 것은 방송이 대중음악의 중립적 전파자 역할에 머무르지 않고 제작자적 역할까지 담당했다는 의미로 이해할 수 있다. 또한 일제강점기까지 방송은 주간이나 저녁 몇 시간대에 국한되었기 때문에 라디오 음악방송의 진면목이라고 할 '심야방송' 등의 편성은 이 시기에는 발생하지 않았다.

해방 후 1945년 경성방송국이 서울중앙방송국을 거쳐 한국방송 KBS이라는 국영방송으로 재탄생한 뒤에도 이런 특질은 기본적으로 변하지 않았다. KBS는 1947년 전속악단을 조직하고 전속가수를 선발하는 등 대중음악에 적극적으로 개입했다. 한국전쟁을 거친 뒤 KBS의 '방송 무대'는 음반가나 극장 쇼와는 차별적인 장을 형성하여 기존 유행가와는 달리 밝고 건전한 대중가요를 전파한다는 이데올로기를 가지고 있었다. 당시 언론에서는 '유행가'와 '재즈'를 모두 비판하면서 '명랑하고 건전한 진정한 대중가요'의 보급을 제안했다. 이 명랑하고 건전한 가요는 점차 '국민가요'라는 이름으로 수렴되었다.

이렇듯 '유행가'와 구분되는 대중가요는 점차 '방송가요'라는 이름으로 불리게 되었고, 정부는 국영방송국을 통해 '방송가요'의 창작과 보급에 영향력을 행사했다. 그 본격적 시도는 1957년 공보부

그림 33 새건전가요25 LP(앞, 뒷면) *라디오스타박물관 소장
그림 34 애국가요 모음 3집 LP(앞, 뒷면) *라디오스타박물관 소장

에서 '국민개창운동'을 전개하고 대중음악 작곡가들에게 작곡을 의
뢰하여 '밝고 건전한 국민가요'를 만들어 보급한 일이다. 이런 시도
가 성공적이었는지는 의문이다. 국민개창운동이 시행된 후 이른바
'방송가요'는 도시에서는 널리 애창되었으나 레코드의 판매 기록은
신통치 않았다.

오히려 농촌을 포함하여 전국적으로 인기를 누리고 음반 판매가
호조를 보인 음악은 이미자, 배호, 남진, 나훈아, 문주란, 하춘화 등
'트로트 가수'들의 노래들이었다. 이미자의 〈동백 아가씨〉한산도 작사,
백영호 작곡는 '왜색'이라는 비판에도 불구하고 레코드음반의 상업적 잠

재력을 폭발시킨 히트곡이었으며, 라디오 방송을 통해 전국에 울려 퍼진 노래였다. 건전가요를 보급하려는 목적으로 운영된 라디오 테크놀로지가 상업적 대중가요의 보급에 유효한 매체가 된 것이다.

한국 사회에서는 1960년대 들어 라디오 수신기의 보급이 확산되고, 사영 라디오 방송국^{이른바 '민방'}으로 1961년 문화방송^{MBC}, 1963년 동아방송^{DBS}, 1964년 동양방송^{TBC}이 차례로 개국했다. 이제까지 음악방송 매체라고는 국영방송인 KBS 라디오와 주한미군방송인 AFKN^{American Forces Korean Network}밖에 없던 상황에서 라디오가 여러 채널을 확보하면서 소비자의 선택권이 확대되었다. 민간 상업 방송사들 사이에 경쟁이 치열해지고 그 결과 인기 프로그램을 확보하기 위한 노력도 수반되었다. 방송산업의 확장은 연예인에 대한 새로운 수요를 낳음과 동시에 라이브 중심의 음악 문화를 레코드 중심의 음악 문화로 바꾸

그림 35　이미자 노래는 나의 인생 LP
그림 36　배호 히트곡 모음 LP
그림 37　나훈아 골든 디스크 LP
*그림 35, 36, 37 라디오스타박물관 소장

그림 38 농림부, 무역협회 등 정부 단체들이 만든 각종 홍보 및 건전 가요집 *라디오스타박물관 소장

는 중요한 계기가 되었다. 텔레비전의 보급이 아직 낮았던 1960년 대에 라디오는 전국적 영향력을 가지는 매체로 성장했다.

한편 미군의 한국전쟁 참전으로 개시된 AFKN 방송은 1950년 10월부터 시작되었는데 당연히 영어 방송이었고 심야까지 방송을 했다. AFKN이 방송한 프로그램 가운데 단연 최고의 인기는 음악, 특히 대중음악팝송이었다. 영어에 기초한 여러 가지 프로그램들이 한국인 청중에게 생소할 수밖에 없었던 반면, 음악의 멜로디와 리듬은 언어를 알아듣지 못하더라도 청취자들의 마음과 영혼에 파고 들었다. 1950년대까지 KBS가 건전가요를 보급하려던 매체였다면 AFKN은 팝송을 보급하는 매체였던 것이다. 차이가 있다면 전자의 시도가 1960년대 이후 잘 먹혀들지 않았지만, 후자의 시도는 그 후로도 오랫동안 성공적이었다.

AFKN은 팝 음악 전문 프로그램을 방송했고 프로그램마다 디스크자키^{DJ}가 있어서 프로그램 구성에서도 이제까지의 음악방송과는 사뭇 달랐다. AFKN의 음악 프로그램 가운데 가장 영향력이 높았던 것은 〈East of Midnight^{동방의 한밤중}〉이었다. 새벽 0시부터 5시까지 5시간 동안 지속된 이 심야 DJ 프로그램은 미국의 최신 유행을 '실시간'으로 전해 주는 역할을 수행하면서 젊은 층들의 절대적 호응을 받았다. 이 프로그램은 1950년대 중반부터 1960년대 초반까지 주간대의 팝송 전파의 절대적 통로였던 서울 시내의 대형 음악감상실과 보조적 관계를 이루면서 당시 한국의 젊은 세대의 음악적 감성을 근본적으로 변혁시켰다.

∮ 심야방송의 전성기 그리고 그 이후

청소년을 대상으로 한 심야방송이 등장한 것은 1964년이었다. DBS가 심야 DJ 프로그램 〈밤의 플랫폼〉을, MBC가 〈한밤의 리케스트〉를 청소년 대상 〈한밤의 음악편지〉로 바꾸고, 라디오서울이 개국과 동시에 〈밤을 잊은 그대에게〉를 시작하면 심야방송이 본격화되었다.

심야 음악 프로그램들은 원래 낮방송 전화 리케스트 프로그램들이 한낮의 전화 러시를 피해 시간대를 옮겨 시작한 것이었다. DBS

그림 39 골든 히트 팝송수첩 Vol. 1 *라디오스타박물관 소장

그림 40 MBC 한밤의 음악편지 제1편, 제2편, 문정출판사 *제1편 1966, 제2편 1969, 라디오스타박물관 소장

가 외국의 최신 유행 음악을 소개하는 전화 리케스트 프로그램〈탑튠쇼〉를 시작하자 중·고등학교 학생들로부터 폭발적 인기를 얻었다. 〈탑튠쇼〉의 성공은 원래 이 프로그램의 프로듀서로서 선곡과 원고를 담당했던 최동욱이 DJ로서 직접 진행을 맡으면서 비롯되었다. 당시 아나운서가 아닌 사람이 방송을 하는 것은 흔한 일이 아니었으나, 음악감상실 DJ와 경음악 평론가를 하면서 쌓인 경험과 지식이 녹아든 방송이 나가자 청취자들은 환호했다. 그 뒤부터 직접 대본을 쓰고 방송을 진행하며 국내 방송에 낯설었던 DJ의 개념을 선보였다. DJ라는 새로운 용어를 창출한 것도 최동욱이었다.

1960년대 초반 상업방송국이 생겨나면서 음악감상실에서 인기를 얻은 유명 DJ들이 속속 방송국에 자리를 잡았다. 1950년대 말부터 서울 명동과 종로 일대에는 은하수, 심지, 청자 등의 '음악다방'이 있었다. 그 뒤 1960년대부터 쎄시봉, 디쉐네, 아카데미, 르네상스 등 서양식 이름을 가진 음악감상실이 속속 개업했다.

1960년대에 전성기를 이룬 음악감상실은 '장안의 멋쟁이들'이 찾는 곳으로 일정한 가격의 입장권을 사서 음료수 한 잔을 마시고 음악을 들을 수 있었던 곳으로 젊은이들이 소일하기 좋은 공간이었다. 그 결과 음악감상실의 DJ는 라디오나 텔레비전에 나오는 연예인 못지않은 인기를 누렸다. 이들은 1960년대 말 이후 라디오 DJ, 텔레비전의 쇼 PD, 언론사의 문화부 기자, 팝 칼럼니스트 등이 되어 1970년대 이후 한국의 음악 문화를 이끄는 실세들이 되었다. 한편 음악감상실에서는 주말에 간이무대를 마련하여 송창식, 윤형주, 김세환, 이장희 등 가수들이 노래하고 미8군 무대에서 연주하던 음악인들이 연주도 했다. 음악감상실은 단지 음악을 감상하는 것에 머무르지 않고 장차 음악을 생산하고 전파하게 될 사람들의 '탤런트 풀talent pool' 혹은 인맥을 형성하는 기능을 했다.

디쉐네 출신의 최동욱이 진행한 DBS 라디오의 〈3시의 다이얼〉은 전화 리케스트와 디스크자키의 새로운 요소를 성공적으로 혼용한 '가장 방송적인 음악 프로그램'의 전형이 되었다. 최동욱은 죽음의 시간대로 버려 두었던 오후 3시 시간대를 개척하면서 청취율 1위를 달성해 최초의 '스타 DJ'로 부상했다. 쎄시봉의 지배인이었던 조용호는 라디오 PD를 거쳐 TBC-TV 쇼 PD로 이름을 날렸고, 아카데미를 거친 지명길은 신세기 레코드에 입사한 뒤 작사가이자 평론가로 유명해졌다.

1973년 이후에는 대학생 출신 포크 싱어통기타 가수를 중심으로 음악인들이 직접 각 방송국의 심야방송 DJ를 맡았으며 방송국들 사이에 치열한 스카우트전도 전개되었다. 최동욱이 DBS에서 동양방송TBC으로 자리를 옮기자 DBS는 박인희 등 인기 DJ를 등장시켜 〈3시의 다이얼〉의 인기를 이어갔다. 그리고 이종환이 엮고 임국희 아나운서가 낭독한 MBC의 〈한밤의 음악편지〉, 김세원이 진행한 DBS의 〈밤의 플랫폼〉 등도 인기 있는 심야방송 프로그램이었다.

음악감상실 DJ들의 방송 진출은 1960년대 중반 음악방송의 중심이 라디오 팝송 프로그램으로 옮겨오게 된다는 것을 의미했다. 전체적으로 채널이 증가한 가운데 세미클래식과 경음악^{당시 팝음악 일반을 의미}에 대한 대중의 취향이 확대되었고, 일반 성인들도 다이얼만 돌리면 원하는 음악을 들을 수 있는 시기였다. 세계 히트 음악이 한 달이 채 안 돼 라디오 방송으로 나왔고, '방송국에 모여드는 희망 음악 신청'도 나날이 수십 통씩 늘어가고 있어 당시의 정서적 갈증을 짐작할 수 있다.

그러나 일부 식자층은 저속가요와 재즈 팝송이 판치는 상업 방송들이 시청률과 청취율의 노예가 되어 스폰서 눈치만 보고 정통 음악 방송 편성에 인색하다고 비판했다. 택시 운전기사를 대상으로 편성한 TBC의 〈가로수를 누비며〉나 MBC의 〈푸른신호등〉, 〈3시의 다이얼〉 같은 낮방송 전화 신청 프로그램들도 저속하다는 지적을 받았다.

전화 신청 프로그램에 대한 비판의 와중에도 청소년 심야 프로그램들은 확대일로에 있었다. 대학 입시에 대한 부담감으로 모든 꿈이 짓눌러 있던 청소년들이 밤늦게까지 공부하며 책상머리에서 듣던 라디오 심야방송은 숨통을 터주는 유일한 수단이었다. 라디오는 청소년들이 대중음악^{팝송}을 통해 바깥세상과 소통할 수 있는 꿈의 음악 매체였다.

심야 팝송 프로그램은 프로그램 제작자와 청취자라는 송수신자 관계를 넘어, 몇백 명에 달하는 청취 청소년들의 클럽 혹은 담당

DJ를 중심으로 한 팝송그룹 등으로 조직되었다. 남녀 교제가 어려운 청소년들에게 교제의 기회를 열어 주고 억눌린 학교생활의 분출구 역할을 자임했다. 또한 예쁜 청취자 엽서 전시회예컨대 MBC의 <밤의 디스크쇼>, <별이 빛나는 밤에>를 백화점에서 개최하는 등 라디오 매체의 경계를 넘는 청소년들의 하위문화를 구성했다. 음악 신청 엽서의 사연들은 대부분 학교생활과 관련된 경우가 많았다.

고등학교 상급반 학생이나 대입 재수생을 고정 청취자로 하는 청소년 프로그램은 보통 밤 11시에서 1시까지 2시간 와이드 편성에 영화음악, 팝송, 유행 음악 등 라이트 뮤직을 기본틀로 했다. 예컨대 1970년 <밤을 잊은 그대에게>의 전화 희망곡은 비틀즈, CCR 등 그룹사운드 음악이 가장 많았고 가수별로는 톰 존스, 클리프 리처드 등이 상위에 있었다. 대중음악 시장을 지배했던 것은 트로트나 스탠다드 팝음악이었던 반면, 1960년대부터 팝음악을 듣고 성장해 온 세대들의 음악적 욕구를 충족시켜 주는 장르는 록음악과 포크음악이었다.

DJ는 단지 음반을 통해 음악을 틀어 주는 수동적 존재를 넘어 한 프로그램의 음악적 개성을 정의하는 존재가 되었다. DJ는 청취자의 사연을 소개하면서 '신청곡'을 방송하고, '최신 히트곡'이나 '흘러간 명곡'을 소개하면서 노래에 얽힌 전문가의 해설을 덧붙이고, '게스트'를 초대하여 그와 대화를 나누었다. 나아가 라디오는 음악 전문 매체임과 동시에 청소년들이 자신의 진로, 친구 관계, 연애 문제 등 갖가지 고민을 상담하는 프로그램으로 부동의 지위를 누렸다. 한 예로 MBC 라디오 장수 프로그램인 〈별이 빛나는 밤에〉의 DJ 를 오랫동안 맡았던 가수 이문세는 '밤의 교육부 장관'이라는 별칭으로 불릴 정도로 청소년층에 막강한 영향력을 미쳤다.

1970년대 초반 라디오 심야 프로그램이 높은 청취율을 기록하고, 광고주들의 주요 표적 프로그램으로 부상하자 사회적 우려 역시 커졌다. 라디오 수신기 보급 숫자가 증가하면서 공부방에 개인 라디오를 소장하는 청소년들 숫자 역시 증가했다. 학부모들은 자녀들이 공부는 안 하고 방송국에 음악 신청이나 한다고 걱정했고, 노래 신청자와 DJ 사이에 오가는 대화의 저질성을 우려했으며 DJ 나 초대 손님이 모두 가수나 탤런트 등 인기 연예인 일변도인 것도 지적되었다. 도시 취향의 DJ 프로그램이 농어촌 청소년에게 미칠 영향도 우려되었다.

1970년대부터 청취층의 연령층이 낮아지는 것도 우려의 대상이었다. 1981년도에는 주요 청취자가 중1부터 대학 2년생으로 연령대가 낮아졌다. 기성세대들은 팝송을 '주체성을 좀먹는 퇴폐유행가'로 몰아붙였지만 10대들은 이에 아랑곳없이 열심히 팝송을 듣고 또 따라했다.

방송국과 스폰서의 공동 총애 프로그램이었던 심야방송은 사회적 압력이 고조될 때마다 기존 프로그램을 폐지하고 새로운 이름의 심야 프로그램을 신설하는 전략으로 청소년들의 인기에 호응했다. 1970년대 중반 정부가 매일의 방송 프로그램과 편성에 대해 엄격한 검열을 실시하던 시절에 문공부가 '심야 프로그램 개선지침'으로 심야방송을 교양화하고 반공방송을 강화하라고 지시했다. 이에 따라 심야 프로그램은 청소년뿐 아니라 야간 근로자, 해상 근로자, 군복무자 등 청취자 확대 편성, 연예인 출연 규제, DJ 대신 아나운서로 교체, 음악 선곡도 팝송 일변도에서 클래식, 가곡, 민요 등 다양화, 비교육적 전화 신청 전면 폐지, 공개 프로그램 금지, 생방송에서 녹음방송으로 바꿀 것 등의 지침을 준수하는 포맷으로 변경되었다.

1975년 12월 대마초 파동, 대마초 연예인 구속·수감 등이 이어지며 젊은이들의 건전가요로 간주되던 포크송도 반항적이고 퇴폐적인 것으로 간주되기 시작했다. 록과 포크가 모두 퇴폐풍조라는 공격에 좌초하게 된 것이었다. 마침내 1975년 12월 7일 문공부는 이날부터 심야방송에 일체의 팝음악을 송출할 수 없다고 사전 예고도 없이 통고했다. 각 방송국은 갑자기 임시 프로그램으로 심야방송을 대체하는 소동이 일어났다.

그러나 심야방송은 부침을 거듭하며 그 생명력을 이어갔다. 1980년대, 1990년대에도 청소년 심야방송을 둘러싼 논의의 틀은 별로 변하지 않은 채 반복되었다. 논란 가운데도 심야 팝송 프로그램이 함의하는 청소년 하위문화의 상징성은 견고하게 지켜져 왔다. 전두환 정권의 철권 정치가 시퍼렇던 시절에도 청소년들에게 라디오는 희열을 주는 개인적 음악 매체였고 세상을 배우는 창이 었다.

그렇지만 1990년대 이후 라디오 전성시대는 서서히 마감되고 있 었다. 한편으로 하이파이 오디오가 보급되면서 라디오는 이제 더 이상 음악을 감상하는 최적의 수단이 아니게 되었고, 다른 한편으 로 카세트테이프나 콤팩트디스크^{CD}를 넣어 작동시키고 걸어 다니 면서도 이어폰으로 음악을 들을 수 있는 워크맨^{Walkman}이나 디스크 맨^{Discman}이 보급되면서 더 이상 라디오만 사적·개인적 음향기기인 시대는 종언을 고했다. 이어서 MP3 플레이어에 수백 곡의 음악을 저장하여 듣다가 이제는 스마트폰 오디오 파일을 이용하여 지니 ^{Genie} 뮤직이나 벅스^{Bugs} 뮤직 음원音源 사이트에서 원하는 음악을 유 료로 내려받아 저장하여 언제든지 들을 수 있게 되었다. '음반'이라 는 용어가 '음원'이라는 용어로 대체되었다. 그리고 다양한 유튜브 ^{YouTube} 방송에서 원하는 음악을 마음대로 골라 듣거나 스마트폰 오 디오 파일에 저장하여 재생할 수 있다.

한편 1980년대 중반 이후 개인용 승용차의 구매가 폭발적으로 증가하면서 카 스테레오$^{Car Stereo}$는 개인용이자 가족용으로 가정에 서 음향기기가 수행한 역할을 승용차 내부로 옮기는 역할을 수행 했고 차량으로 이동하는 시간의 특성으로 인해 새로운 취향을 만 들어 냈다. 다른 하나는 고속도로를 통해 영업용 화물차를 운전하 는 노동자에게 카 스테레오는 '근로시간의 사운드트랙'으로 기능했다. 그 결과 화물차의 카 스테레오에서 재생되는 트로트 중심의 고속도로 휴게소 카세트테이프나 CD가 별도로 유행하게 되었다. 지금은 차 안에서도 스마트폰이나 디지털 오디오 플레이어^{DAP}를 블루투스^{Bluetooth} 접속하거나 음악 파일이 들어 있는 마이크로SD나 USB 메모리를 차체에 삽입하여 음악을 재생하는 등 손쉽게 음악을 듣는다.

1990년대 이후 민영 라디오 방송국들이 다시 증가하고 지역 공영 라디오 방송국의 설립도 추진되면서 라디오는 새로운 전환점을 맞았다. 그렇지만 라디오가 대중음악의 내용과 형식에까지 미쳤던 영향력은 1970~80년대를 정점으로 종언을 고하고, 새로운 강력한 미디어로 등장한 텔레비전의 음악방송과 인터넷 음악방송에 중심 자리를 내주어야 했다. 그러나 그 과정에서 라디오의 활용은 다양하고 복잡한 양상을 보이고 있다. 버스와 택시에서 언제나 라디오를 통해 음악이 흘러나오고 사무실, 공장 등의 일터에서도 라디오를 틀어 놓는 경우가 일반적이다. 개인 승용차로 운전하면서 또는 집에서 부엌일을 하면서 라디오에 귀를 기울이는^{listen to the radio} 것이 아니라 언제 어디서나 라디오를 듣는^{hear the radio} 것이 일상인 사람들이 여전히 많다.

현재 MBC, KBS 등의 음악방송은 1970~1980년대 라디오 전성기 시절의 유명 방송과 프로그램 포맷을 유지하고 있다. 예컨대 MBC의 유명 심야방송인 〈별이 빛나는 밤에〉는 DJ가 여러 번 바뀌어 지금은 〈김이나의 별이 빛나는 밤에〉라는 이름으로 매일 밤 10시부터 12시까지 진행되고 있고, KBS도 〈유지원의 밤을 잊은 그대에게〉라는 이름으로 매일 밤 10시부터 12시까지 여전히 〈밤을 잊은 그대에게〉를 방송하고 있다. 그리고 DJ가 청취자의 사연을 소개하면서 '신청곡'을 방송하고, '최신 히트곡'이나 '흘러간 명곡'을 소개하면서 노래에 얽힌 전문가의 해설을 덧붙이고, '게스트'를 초대하여 그와 대화를 나누는 몇 가지 전형적인 포맷을 계속하고 있다. 이 점에서 하나의 제도로 라디오는 '레코딩된 음악을 공중에게 전파하는 표준적 방식'으로서 여전히 유효한 가치를 갖고 있다고 할 수 있다.

텔레비전 시대의 한국의 라디오 방송

Video killed the radio star

Video killed the radio star

비디오가 라디오 스타를 죽였어

Pictures came and broke your heart

영상시대가 찾아오고 넌 상처 받았지

I met your children

난 너의 애들을 만났어

What did you tell them?

도대체 넌 네 애들을 어떻게 가르친 거니?

You were the first one

넌 최고였었지

You were the last one

하지만 이제 넌 한물가 버렸어

Video killed the radio star

비디오가 라디오 스타를 죽였어

You are a radio star

넌 라디오 스타야

1970~1980년대를 추억하는 사람이라면 누구나 이 노래를 알고 있을 것이다. 1979년 영국의 2인조 그룹 버글스^{Buggles}가 불러 히트한 곡이다. 음악과 뮤직비디오 전문 채널을 표방하며 등장한 미국 케이블채널 MTV가 1981년 8월 1일 개국 당시 첫 방송으로 이 노래를 내보냈다. MTV의 선곡은 너무나도 적절했고 잔인했다. 텔레비전^{TV} 시대가 도래하면서 한물간 라디오의 처지를 자신들의 기념비적 방송에서 내보냈기 때문이다.

버글스 노랫말처럼 선진국에서는 1950년대 중반부터^{한국은 1970년대 초반부터} 라디오는 TV에게 자신이 누렸던 절대적 지위를 내주었다. 1939년에 시작된 세계대전이 없었다면 TV의 대중화는 더 빨랐을 것이다. 실제로 TV는 1930년대에 출현했다. 1936년 영국 BBC가 TV방송을 내보냈고, 1939년 미국 RCA^{Radio Corporation of America}가 뉴욕 만국박람회에서 첫선을 보였다. 그러나 TV의 실용화는 세계대전으로 인해 잠시 중단되었다.

1940년대 이후 TV의 발전은 라디오가 이미 구축해 놓은 방송 산업의 토대가 있었기에 한결 수월했다. 라디오 방송이 축적해 놓은 방송 시스템편성, 광고 등과 네트워크들이 그대로 TV에 적용됐다. 또한 방송이라는 동종 업종이었기에 정부 규제나 허가도 손쉬웠다.

텔레비전 시대가 오면서 라디오는 위기를 맞이했다. 1930년대 라디오에 흘렸던 대중의 열정은 TV에게로 옮겨갔고 자연스레 라디오의 위기가 논의됐다. 그러나 새로운 매체의 출현은 구 매체의 창작활동을 자극했다. 라디오는 TV와 경쟁하는 것이 아니라 자신의 위치를 재설정했다.

라디오의 생존 전략은 일차적으로 '라디오의 매체 특성'을 확인하는 데서부터 이루어졌다. 인간의 감각적인 측면에서 볼 때, 라디오는 소리에 의존하는 청각 매체다. 이는 상상력을 자극함과 더불어 논리보다는 감정적, 정서적 접근이 가능하다는 특성으로 이어진다. 또한 라디오 수신기가 소형화되면서 생활의 모든 영역에 침투하도록 했고 청취 행위를 개인화했다. 커뮤니케이션 기술의 발전 속에서 라디오 방송 역시 용이해졌다. 이처럼 감각적 소구新求와 라디오 기술의 진화가 결합되면서 라디오는 친밀성, 개인성, 병행성, 기동성, 전문성, 접근과 진입의 용이성이라는 특성을 구축했다.

라디오는 또한 그다음 생존 전략으로 '다양한 편성과 포맷 프로그램format program'을 추진했다. 이는 라디오의 매체 특성을 살려 포맷의 변화를 추구하는 방식이다. 포맷 프로그램이란 특정 수용자를 염두에 두고 맞게 편성된 프로그램을 말한다. 이러한 변화는 크게 6가지로 구분된다. 첫째, 핵심 프로그램을 출퇴근 시간과 정오 시간에 편성하는 것이다. 둘째, 뉴스와 생방송 포맷의 프로그램을 확대한다. 셋째, 다양한 개인 중심 방송을 편성해 전문가들이 직접 참여케 한다. 넷째, 라디오 방송의 지역화를 시도하고 지역 공동체의 이벤트 중심으로 지역민의 참여를 끌어들인다. 다섯째, 세분화된 청취자 그룹을 대상으로 저녁 시간대 프로그램을 전문화하고 다양화한다. 여섯째, 생활정보 프로그램의 제작 비율을 높인다.

이처럼 매체 특성과 편성 및 포맷을 다양화하는 생존 전략을 통해 라디오는 자신의 위치를 다음과 같이 재정립했다. 첫째, '워킹 타임 미디어working time media'다. 라디오는 언제 어디서든 청취자와 함께한다. 사무실이나 공장에서, 주부는 부엌에서, 심지어 학생들은 공부하면서까지 라디오를 듣는다. 둘째, '개인화된 미디어personal media'다. 라디오는 불특정 다수에게 전달되는 것이긴 해도 개인적으로 접근한다. 이 과정에서 일대일 커뮤니케이션에 의한 친밀감을 형성한다. 셋째, '전문화된 미디어specialized media'다. 포맷형 방송은 음악, 교통, 인종, 뉴스, 종교 등 특정 주제를 선정하면서 다양한 영역에 전문적으로 접근하는 라디오를 만들었다. 넷째, '참여 미디어participation media'다. 라디오는 접근이 용이하고 친밀감을 형성케 하기에 다양한 청취자들의 참여를 이끌어 내고 있다. 다섯째, '공동체 미디어community media'다. 라디오 방송은 음성으로만 이루어지기에 장비나 기술적 측면에서 비교적 손쉽게 접근할 수 있다. 이를 토대로 라디오는 지역공동체나 사회문화적 공동체 구성원들이 자신들의 네트워크를 구축하고 민주적 소통을 위한 창구로 활용되도록 하고 있다.

♪ TV 시대 한국의 라디오 방송

정보와 음악방송으로의 전환: 청취자층 세분화

한국에서도 1960년대 말 텔레비전 수상기가 50만 대를 넘어서고 1973년 100만 대에 이르게 되면서 라디오는 새로운 입지를 마련해야 했다. 1972년을 기점으로 광고 수입도 더 이상 텔레비전을 따라가지 못했다.

가족들과 함께 일일연속극과 공개녹음 오락방송을 즐기던 라디오 애청자들이 텔레비전 연속극과 쇼로 눈길을 돌리자 라디오는 '정보'와 '음악' 편성으로 살길을 찾고자 했다. 앞에서 살펴본 선진국에서 미리 경험하고 찾아낸 라디오의 활로를 따라가는 방식이었다. 물론 방송 제작의 조건과 청취의 맥락은 다를 수밖에 없었지만, 기존의 황금시간대에 얽매이지 않고 속보성과 와이드화를 통한 정보성 강화, 언제 어디서나 들을 수 있는 고음질의 음악 프로그램 등이 텔레비전과 차별된 특성이자 라디오가 지향해야 하는 편성 방향이 되었다.

라디오 방송은 사람들이 몰리는 주 시청 시간대를 텔레비전에 내어 준다는 것을 인정하고 새로운 전략 시간대를 편성해야 했다. MBC가 1973년 가을 개편에서 라디오의 전략 시간대를 밤 10시 ~11시대, 오전 6~7시대, 낮 12시~오후 2시대 등으로 설정한 것이 구체적인 예다. 이와 동시에 아침과 낮 시간을 이용하여 젊은 시청 자층과 주부를 대상으로 교양 프로그램 등 목표 시청자로 방송 내 용의 초점을 맞추는 이른바 '대상 프로그램'과 함께 '언제나 듣기 시 작해도 되고 언제나 꺼도 되는', 이동 중이거나 다른 일을 하면서 방송을 청취할 수 있는, 부담 없는 와이드 프로그램이나, 심야에 학생이나 근로자를 대상으로 하는 프로그램이 성행했다. 이 무렵 부터 이어폰을 끼고 공부하는 수험생이 늘어났으며, 소형 트랜지 스터 라디오가 유행하기도 했다.

이처럼 음악과 생활정보 위주의 편성으로 전환하면서 라디오 프 로그램의 전형으로 등장한 것이 종합적인 퍼스낼리티 중심의 대형 생방송이었다. 정보와 오락 프로그램 모두가 생방송, 대형화하는 경향 속에서 전화와 엽서를 통한 쌍방향 교류를 기본 요소로 했으 며, 전문적이거나 특정 계층에게 적절하고 필요한 정보와 음악을 세분하여 제공하는 것이 라디오 프로그램 성공의 관건이 되었다. 소형 트랜지스터 라디오의 보급 증가에 따라 시작된 '개별 청취화' 에 대응하여 시간대별의 청취 대상 계층을 세분화하고, 정보와 음 악을 근간으로 오락성과 시사성을 부가하는 종합 버라이어티 형식 의 생방송이 중심 포맷이었다. 자동차 운전자를 위한 〈가로수를 누비며〉, 이발소, 미용실, 전파사, 남대문 시장 등을 무대로 한 〈직업인의 휴게실〉, 노인 대상 〈장수 무대〉 등을 비롯해 청소년 대상 심야 프로그램 역시 청취자 세분화 전략에 의한 초기 프로그램이었다.

교통정보 프로그램

〈가로수를 누비며〉라디오 서울 1964년는 아직 자동차 교통이 미미하던 1964년 처음 직장인 대상 프로그램의 하나로 운전사와 교통 관계자를 상정하여 신설된 프로그램이었다. 1962년 일본으로부터 '새나라' 자동차가 수입되고 이어 부평에 새나라자동차공장이 가동되고 승용차 택시운송업이 본격화되면서 택시가 주요 표적 대상이라는 점에서 주목을 받았었다. 이 프로그램이 자리 잡으면서 MBC 〈푸른신호등〉1966년, CBS 〈명랑하이웨이〉연도 미상 등이 잇달았다. DBS는 〈달려라 유쾌하게〉1969년, 〈가요 드라이브〉1970년를 거쳐 〈나는 모범운전사〉1971년를 이어 방송했다.

이 프로그램들은 오늘날 라디오 편성의 교통방송 개척 프로그램들이었다. 이들 초기 프로그램들은 교통정보보다는 운수업이나 운전자, 승객 등 교통과 관련된 청취자층을 중심으로 화젯거리와 전화 신청 대중가요를 기본 구성으로 한 교양오락의 성격이 강했다. 1970년대로 들어서며 각 프로그램들은 교통 통신원을 조직하여 교통정보를 수시로 제공하는 속보성과 현장성을 강조하게 되었다.

교통량의 증가가 두드러진 1970년대 후반부터는 교통 통신원을 체계적으로 조직하고 개별 프로그램 단위를 넘어서 방송국 차원에서 교통 캠페인을 주관하기 시작했다. MBC는 〈푸른신호등〉은 1971년 처음으로 라디오 교통 통신원 100명을 조직하여 운영한 이래, 1979년에는 교통 통신 요원 200명을 조직하고 어린이 보호 교통안전 캠페인을 전개했다.

1980년대는 언론통폐합과 공영방송제도 도입이라는 구조적 변화뿐 아니라 컬러TV 개시라는 미디어 기술 환경의 변화도 일어났다. 라디오는 다시 한번 새로운 모색을 시도해야 했다. AM 라디오는 개인화된 매체의 특성과 생활에 밀착된 정보를 통해 친근성을 강조하는 편성이 강화되었다. 라디오가 소형화, 개인화되는 경향과 레저 인구가 새롭게 부상하는 것에 대응한 것이었다. 카 라디오 청취자가 증가함에 따라 새로운 청취군으로 떠오른 유동 인구 청취자를 확보하기 위한 경쟁도 더욱 치열해졌다. 방송국마다 교통 통신원을 방송에 활용하는 체계가 강화되었다. 1984년 라디오 서울은 카 라디오에 대한 연구와 개발에 힘써 카 라디오의 음질 개선을 위한 캠페인을 비롯해 교통안전 및 질서 캠페인을 연중 실시해 큰 성과를 거두었다.

1985년에는 가청권 등록 자동차가 50만 대를 넘어서고 서울 등 대도시의 출퇴근 교통정보가 더욱 중요해졌다. 명절 귀성을 위해 자동차를 이용하는 이동 인구가 급증함에 따라 KBS, MBC 양 방송국이 특별 편성으로 교통정보를 수시 제공하는 '즐거운 귀성길' 등의 프로그램이 시작되었다. 교통정보 다원 생방송을 위해 헬리콥터와 중계차가 동원되는 등 점차 고가의 장비와 기술을 필요로 했다.

라디오 다채널화가 이루어짐에 따라 1990년 한국에서도 홍콩, 대만에 이어 아시아에서 3번째로 교통방송국[TBS]이 개국했다. 수도권 교통정보와 기상 상태 등 교통 관련 프로그램을 집중 방송하는 채널이 등장한 것이었다. 운영 주체가 서울시 교통방송본부인 관영방송으로 재원 역시 서울시 부담이었다. 지금은 서울특별시 미디어재단[TBS]이란 이름으로 FM 95.1과 외국인을 위한 외국어 방송인 eFM 101.3 방송을 운영하면서 교통정보, 기상 상태, 서울에 관한 일반 정보, 뉴스, 음악방송 등 다양한 서비스를 제공하고 있다. 한편 도로교통공단의 한국교통방송[TBN]은 1997년 부산과 광주를 시작으로 교통 전문 방송을 개시하여 현재 전국 12개 지역에 FM 방송을 운영하는 네트워크를 갖추고 있다. TBN은 아침 6시부터 저녁 12시까지 기상 및 교통정보를 제공하는 동시에 운전자 및 기타 청취자를 위한 다양한 음악방송과 교양 프로그램을 진행하고 있다.

여성 대상 프로그램

교통 프로그램과 더불어 텔레비전 시대 라디오의 중요한 청취자

층으로 부상한 것이 주부 계층이었다. 오전 시간대는 주부 청취 계층에 중점을 두고 오후에는 자영업이나 재택인, 그리고 유동 인구를 대상 계층에 포함한 종합구성 생활정보 프로그램 편성이 확대되었다.

1980년대 오전 시간 여성 대상 프로그램은 동네 우물가 개념으로 여자들의 수다가 오락도 되고 정보도 되고 교양도 되는 형식을 추구했다. 1970년대에 개발한 퍼스낼리티 프로그램 형식을 바탕으로 세분화된 청취자층에 적합하고 인기도도 높은 퍼스낼리티를 확보하는 것이 프로그램에 더욱 중요해졌다. 인기 가수, 코미디언, 탤런트에 이어 인기 스포츠맨의 퍼스낼리티화가 이루어지기도 했다. 진행자 이름을 붙인 〈김세원이에요〉, 〈김자옥의 사랑의 계절〉, 〈MBC 희망음악 서유석입니다〉, 〈MBC 여성살롱 임국회에요〉, 〈○○○의 여성시대〉 등이 이러한 현상을 대변했다.

퍼스낼리티 프로그램의 틀에서 결혼생활과 육아일기 등 일상에서 일어난 일을 소재로 한 편지쇼를 기본 포맷으로 주부 청취자와의 소통을 주 목적으로 하는 프로그램들은 오랜 수명을 자랑해 왔다. MBC의 간판 프로그램의 하나인 〈여성시대〉는 1975년 MBC 표준 FM의 〈임국회의 여성살롱〉으로 시작해 1988년 이종환을 진행자로 하여 〈여성시대〉로 이름을 바꾸면서 오늘날까지 계속되고 있다. 현재 〈여성시대 양희은, 김일중입니다〉라는 이름으로 진행되고 있다.

그림 41 『바구니에 가득찬 행복』 임국희·최양숙, 전예원 *1975, 라디오스타박물관 소장

〈여성시대〉는 매일 수백 통의 편지와 문자메시지 중에서 5~6개
가 선택되는데, 편지는 그저 우습고, 슬프고, 감동적인 스토리라 해
서 무작정 방송되는 것이 아니라 '깨어 있는 여성'을 위해 이 시대
에 여성들이 서 있어야 할 자리를 바로 여성들의 이야기를 통해 제
시하는 역할을 한다. 매너리즘을 극복하기 위해 공개방송, 콘서트,
생활 상담, 저명인사 초청 강연 등이 요일별로, 계절별로 다르게 구
성된다.

〈여성시대〉의 주류는 '작지만 소중한 행복', '이랑 속의 행복' 등 감동적인 일상사를 강조한다. 여성 프로그램을 표방하지만 실제로는 남녀 구분 없이 모두에게 공감되는 내용이 중심이 된다. 수백 통의 편지 중 작가와 프로듀서에 의해 걸러진 글은 시의성과 삶의 경험을 중시하지만, 사회적으로 '안전한' 내용과 '보편적인' 내용으로 공감대를 만들고자 한다. 부부간의 사랑, 효도, 자식에 대한 사랑, 고부간 화해 등 가족주의의 소극적 행복을 주요 가치로 한다.

〈여성시대〉와 청취율 1~2위를 다투던 KBS2 라디오의 〈안녕하세요 황인용 강부자입니다〉는 '소박한 진실이 힘을 갖는다'는 방송철학을 모토로 일상적 행복을 더 강조했다. 이 프로그램은 1978년부터 1992년까지 15년간 진행되었다. MBN TV는 2023년 3월 29일 〈황인용·강부자의 울엄마〉라는 이름의 방송을 시작했다. 이 프로그램은 세대를 불문하고 한국 국민이 말하는 가슴 따뜻한 이름 '엄마'에 대한 진솔한 이야기를 담아내 70~80년대의 라디오 DJ 프로그램 감성을 다시 일깨울 것으로 보인다.

§ 라디오의 진화: 전문화와 디지털화

1990년대에 들어 기존의 KBS, MBC, CBS뿐 아니라 다양한 분야의 전문 방송과 지역 권역별 방송국들이 개국하여 그야말로 라디오 다채널 시대를 열었다. 전국 규모의 주요 지상파 라디오 방송국으로 기존의 KBS, MBC 외에 SBS서울방송가 개국했다. 먼저 KBS

는 KBS 제1라디오^{뉴스, 시사, 교양}, KBS 해피FM^{제2라디오중장년층 대상 대중음악}, KBS 제3라디오^{장애인, 다문화 가정을 위한 사랑의 소리방송}, KBS 클래식FM^{제1FM서}양 고전 음악 및 한국 국악, KBS 쿨FM^{제2FM젊은 층 대상 대중음악}, KBS 한민족방송^{남북 화합과 교류를 위한 한민족 네트워크 채널}, EBS FM^{책 읽어 주는 라디오} 등 다양한 종합적이고 전문적인 채널의 방송을 하고 있다. MBC는 MBC 표준FM^{종합 방송: 뉴스, 시사, 교양, 대중음악}과 MBC FM4U^{대중음악}를, 그리고 SBS는 SBS 러브FM^{종합 방송: 뉴스, 시사, 교양, 대중음악}과 SBS 파워FM^{대중음악} 방송을 하고 있다.

지역 민간방송으로 경인방송^{수도권 종합 방송: 뉴스, 시사, 교양, 음악}, OBS 라디오^{수도권 종합 방송: 뉴스, 시사, 교양, 음악}, G1 Fresh FM^{강원권 종합 방송: 음악}, TJB POWER FM^{대전·세종·충남권 종합 방송: 음악}, CJB JOY FM^{충북권 종합 방송: 음악}, JTV MAGIC FM^{전북권 종합 방송: 음악}, kbc My FM^{광주·전남권 종합 방송: 뉴스, 음}악, TBC Dream FM^{대구·경북권 종합 방송: 뉴스, 음악}, KNN 러브FM^{부산·경남권 종}합 방송: 뉴스, 시사, 교양, 음악, KNN 파워FM^{부산·경남권 대중음악}, ubc Green FM^울산권 종합 방송: 뉴스, 음악과 JIBS New Power FM^{제주권 종합 방송: 음악} 등 12개 방송국이 종합 방송과 음악방송을 내보내고 있다.

종교방송으로는 기존의 CBS 외에 기독교 복음 방송, 천주교 종합 방송, 불교 종합 방송, 원불교 종합 방송 등 여러 종교방송국들이 개국하여 선교 외에 뉴스, 시사, 교양, 음악 등 다양한 방송을 하고 있다. 특히 김현정 앵커가 CBS 표준 FM 라디오에서 아침 7시 20분부터 9시까지 진행하는 〈김현정의 뉴스쇼〉는 가장 영향력 있는 뉴스 전문 방송의 하나이다.

전문 방송으로는 TBS FM수도권 교통, 생활정보 채널, TBN 한국교통방송전국을 대상으로 신속 정확한 교통정보를 전하는 라디오, YTN라디오24시간 뉴스 채널, TBS eFM수도권에 거주하는 외국인을 위한 외국어 방송, Busan e-FM부산, 경남에 거주하는 외국인을 위한 외국어 방송, GFN광주, 전남에 거주하는 외국인을 위한 외국어 방송, 아리랑 라디오제주도에 거주하는 외국인을 위한 외국어 방송, 국악방송국악 전문 채널, 국방FM국방홍보 전문 채널, AFN Thunder AM미군방송, AFN Eagle FM미군방송 등이 있다. 이들 전문 방송국은 교통정보, 기상 상태 및 생활정보를 실시간으로 방송하고 24시간 주요 뉴스와 해설, 외국인들을 위한 외국어 방송, 국악방송과 주한미군을 위한 방송을 하고 있다.

지역공동체 라디오 방송으로는 관악FM서울특별시 관악구 지역 FM방송, 마포FM서울특별시 마포구 지역 FM방송, 성남FM경기도 성남시 분당구 지역 FM방송, 금강FM충청남도 공주시 지역 FM방송, 성서공동체FM대구광역시 달서구 지역 FM방송, 광주시민방송 북구FM광주광역시 북구 지역 FM방송, 영주FM경상북도 영주시 지역 FM방송, GBS 고려방송FM광주광역시 광산구 지역 FM방송, 옥천FM충청북도 옥천군 옥천읍 지역 FM방송, 성주FM경상북도 성주군 지역 FM방송, 세종FM세종특별자치시 지역 FM방송, 대전생활문화방송대전광역시 서구 지역 FM방송, 남해FM공동체라디오방송경상남도 남해군 지역 FM방송 등이 있다.

한편 커뮤니케이션 기술이 급속도로 발달한 21세기 사회에서 '방송'에서도 디지털 기술을 적용함에 따라 '디지털 방송'이 등장했다. 디지털 방송은 기존의 아날로그 방송에 비해 방송의 고품질화고화질,

고음질, 다채널 및 다기능화, 멀티미디어화라는 장점을 갖는다. 나아가 이러한 기술 변화를 바탕으로 방송의 존재 방식, 방송 서비스의 영역, 방송과 수용자의 관계, 방송산업 구조의 변화라는 방송 패러다임의 변화를 가져왔다. 한국은 2012년에 아날로그 방송 신호를 디지털 신호로 바꾸는 방송의 '디지털 전환'을 실시했다.

'디지털 라디오 방송'은 기존 아날로그 방송의 신호음향를 디지털 신호로 변환해 전송하는 라디오 방송으로서 AM·FM에 이은 제3세대 라디오 방송이라 할 수 있다. 고품질의 음향, 다양한 데이터 서비스, 우수한 이동수신 품질을 제공하기에 음악방송, 교통정보, 뉴스 등의 전문 방송을 다양한 멀티미디어 정보와 함께 제공할 수 있다. 한국은 애초 DAB라는 이름으로 디지털 라디오 방송을 추진하다가, 디지털 기술의 특성상 음성 외에도 영상, 문자 등의 전송이 가능하기에 DAB를 DMB로 명명했다. DMB는 2005년부터 지상파 방송과 위성방송을 통해 운영되고 있다.

라디오는 디지털과 결합하면서 다양한 방식으로 청취자에게 접근하고 있다. 스마트폰, MP3, PMP 등의 모바일 미디어mobile media를 통해 개별화된 청취자들에게 일상적으로 다가간다. 또한 인터넷을 통한 '보이는 라디오', 팟캐스트와 같은 주문형 방송으로 청취자들의 다각적인 접근을 이끌어 내고 있다.

한국의 지상파 DMB 오디오 채널로는 KBS의 U-KBS MUSIC, MBC의 올댓뮤직, SBS의 SBS V-Radio, 아리랑 라디오Arirang Radio가

있다. U-KBS MUSIC은 자체 제작 프로그램과 쿨FM[2FM]을 재전송하는 연예오락, 예능, 교양, 대중음악 전문 라디오 채널이다. 이 채널의 현존하는 대표적인 장수 프로그램으로는 〈상쾌한 아침〉, 〈굿모닝 팝스〉, 〈FM대행진〉, 〈음악앨범〉, 〈가요광장〉, 〈뮤직쇼〉, 〈사랑하기 좋은 날 이금희입니다〉, 〈볼륨을 높여요〉, 〈키스 더 라디오〉 등이 있다. 그중 〈FM대행진〉은 TBC FM에서 방송된 프로그램 중 현재까지 이어져 내려온 프로그램으로 주로 대중음악을 방송한다. 〈사랑하기 좋은 날 이금희입니다〉처럼 일부 옛날 가요 및 팝송을 방송하는 경우도 있다.

올댓뮤직은 MBC의 지상파 DMB 사업자인 MBC DMB에서 운영하는 24시간 논스톱 음악 전문 지상파 DMB라디오 채널이고, SBS V-Radio는 SBS의 지상파 DMB 사업자인 SBS U에서 운영하는 24시간 논스톱 음악 전문 지상파 DMB라디오 채널이다.

아리랑 라디오는 서울에 거점을 둔 국제방송교류재단이 운영하는 영어 전문 라디오 방송국이다. 대한민국 최초의 영어 라디오 방송으로서, 제주 지역 FM, 서울과 수도권 지역 지상파 DMB, 휴대전화 애플리케이션[iPhone/iPad, Android], 홈페이지 On Air 서비스를 통해, 한국의 문화, 관광, 생활정보 등 실생활에 필요한 실용 정보와 더불어 한국 안팎의 뉴스를 제공한다. 이를 통해 외국인에게는 한국의 문화 및 예술의 우수성을 알리고 내국인에게는 국제사회에 이바지함을 목적으로 하고 있다.

그리고 인터넷 라디오로는 EBS i-Radio가 외국어 라디오 전문 채널을 운영하고 있고, CBS JOY4U는 크리스천 뮤직 전문 채널로 CBS에서 AM/FM 라디오 방송 외에 방송사 인터넷 라디오 프로그램모바일앱으로 들을 수 있는 크리스천 음악 전문 방송도 하고 있다.

요컨대 한국의 라디오 방송은 텔레비전과 인터넷, 스마트폰 등 뉴미디어 디지털 시대에 올드미디어에서 환골탈태하여 전문화된 미디어, 디지털 미디어로 진화하면서 라디오의 새로운 미래를 구축해 가고 있다.

1960년대 한국의 라디오 저널리즘

1960년대 한국 사회에서 라디오는 전성기를 맞이하여 대중문화의 중심으로 부상했다. 한국 사회에서 라디오라는 '미디어'는 기술적인 차원에서 경이롭게 사람에게 알려지고 이에 대한 사용과 품질을 논의하는 단계에서 점점 그 도구적 목적을 벗어나 사람의 일상적 삶의 환경을 구성하는 라디오 '문화'를 말할 수 있게 되었다. 이 시기는 라디오 전성기이면서 텔레비전이라는 영상매체에 의한 추격이 시작되어 라디오 위기가 도래하는 시기이기도 했다.

1960년대 초반을 지나면서 속속 개국한 라디오 방송국들은 중반에 들어가면서 제한된 광고 수입을 놓고 치열한 청취율 경쟁을 벌이기 시작했다. 라디오 청취율 경쟁의 핵심에는 라디오 드라마가 있었다. 연속극 경쟁이 가속화되던 상업 라디오 시대, 그 한쪽에서는 뉴스 보도의 맹아가 자라고 있었다. 라디오 뉴스 시대의 싹이 튼 것은 1963년 개국한 동아방송DBS부터였다. 비판적인 논조의 《동아일보》편집국 소속으로 설립된 DBS는 처음부터 새로운 방송 저널리즘의 태동을 염두에 두고 설계되었다.

1960년대 라디오 방송이 어떤 방식으로 어떤 내용의 뉴스를 주로 전달했으며 그것은 저널리즘, 즉 언론의 역할을 다했는가? 당시 라디오 방송은 신문에 비해 속보성과 직접성을 주요 장점으로 하는 방송의 속성이 객관적인 보도를 보장하기 어렵다는 점이 지적되기도 했고, 방송기자는 언론종사자로서 신문인과는 체질적으로 다르다는 인식이 존재하기도 했다. 1966년에는 전파관리법의 개정을 추진하고 있던 주무장관이 "방송은 언론이 아니다"라고 말해 방송이 언론이냐 아니냐, 방송이 언론이 아닌 이유는 무엇인가, 방송이 언론이 되려면 어떻게 해야 하느냐 등의 논쟁을 불러일으키기도 했다. 한국 라디오 방송 저널리즘의 흐름을 개관하면서 논쟁점을 하나씩 살펴본다.

∮ 라디오 뉴스의 현장성과 속보성

동아방송이 촉발한 1960년대 한국의 뉴스 경쟁은 라디오 독점

시대가 끝나고 뉴미디어인 텔레비전으로 수용자가 급속히 이동함에 따라 뉴스가 라디오의 새로운 활동 영역으로 부상했기 때문이었다. 실제로 활자와 사진으로 뉴스를 전달하는 전통적인 신문 매체에 비해 음성으로 뉴스를 전달하는 라디오의 현장성과 속보성은 라디오 도입 초기부터 그 가능성을 주목받았으나 기술에 내재된 가능성은 통치 세력의 필요성에 의해 오랫동안 억압된 채로 있었다.

일제 총독부의 지원 아래 일본인들이 주도하여 설립한 경성방송은 조선에 거주하는 일본인들의 정보와 문화 욕구에 부응하고, 일본의 식민지 체제에 한국인을 순응하게 하기 위한 교화의 수단이었다. 당시 라디오는 대체로 일본어 해독이 가능하고 경제적으로 상류층에 속하는 계층이 소유할 수 있었던 고가의 최첨단 뉴미디어였다. 보도 내용은 대부분 조선총독부의 정책 공지, 발표문을 읽거나 경제 시황을 전달하는 것이었다. 증권거래소와 직접 연락하여 수집한 주식 시세를 30분 간격으로 방송하여 신문보다 빠른 속도가 청취자로부터 호평을 받았다. 그러나 내각 정보국의 지도 통제를 받아 제작하는 전국 중계뉴스나 전황뉴스는 식민지 민중에게 전쟁 협력을 교육, 감화시키는 것을 주목적으로 했다. 일제강점기로부터 미군정 시기를 거쳐 독립 국가 수립 이후에까지 이어온 공보·선전의 기능은 한국방송에 내면화되어 갔다.

선전·공보 기능이 외부적 강제에 의해 형성된 특성이라면, 속보성과 현장성은 기술에서 비롯된 내재적이고 자발적인 것이었다. 진보된 기술의 녹음기와 방송기기가 도입됨에 따라 뉴스에서 현장성과 속보성이 더욱 강조되었다. 1958년에 일어났던 대한국민항공KNA 여객기 납북 승객 귀환 실황 중계 보도, 한강 홍수 상황 보도 등은 녹음 취재와 실황 중계 기술을 토대로 현장성과 속보성을 살린 대표적인 보도 사례였다.

라디오 방송 보도의 생명력이 속보에 있음을 가장 실감나게 보여 준 것은 1959년에 개국한 부산문화방송이었다. 부산공설운동장 대참사, 사라호 태풍 특별 생방송, 3·15부정선거에서 4·19학생운동은 모두 부산문화방송의 보도가 맹위를 떨친 사례였다. 얼마나 빠르게 현장의 소리를 담은 녹음테이프를 방송국에 전달하고, 이를 방송하는가가 뉴스 가치를 결정했다. 라디오로부터 연속극과 공개 오락 프로그램, 대중가요 등의 재미를 기대하던 대중들에게 근대적 개념의 뉴스가 가진 정보력을 입증한 최초의 사례라고 할 수 있다.

한편 뉴스 보도로 방송되거나 그 프로그램 안에 포함되지는 않았지만 1960년대 초중반의 다양한 국가행사, 민족기념일, 대중 축제 등은 라디오를 통해 주로 실황 중계로 전달되었고, 이러한 실황 중계방송은 당시 청취자에게 중요한 공적 업무가 일어나는 현장을 알리고 그 장소의 경험을 공유하게 했다는 점에서 저널리즘 영역 내에 중요한 위치를 차지했다고 할 수 있다. 이러한 실황 중계방송은 라디오가 제공한 새로운 근대적 경험이었으며, 특히 당시 정치권력의 의도가 개입된 국가공동체의 경험에 대한 매개이기도 했다. 또한 중요하게는 실황 중계방송이 신문이 전할 수 없는 라디오 방송만의 살아 있는 현장의 뉴스였고, 신문과 다른 방송 뉴스의 영역과 개념에 대한 논쟁이 제기되는 계기로 작용했다고 할 수 있다.

라디오 방송 뉴스의 속보성과 현장성에 대한 논쟁은 1960년대 중반 이후 상업 라디오 방송국의 개국과 민영 텔레비전 방송국의 개국이라는 경쟁 체제 속에서 뉴스 보도가 라디오의 새로운 활동 영역으로 부상하면서 시작되었다. 현장성과 속보성은 라디오 방송을 위험하고 취약하게 바라보는 중요한 원인이 되었고 무엇보다도 뉴스가 감정적으로 흐를 수 있는 '직접성'의 문제로 지적되었다. 이 라디오 방송의 '직접성'의 문제는 라디오 방송 초기 청취자의 호응이 높았던 스포츠 중계방송과 관련되어 있다고 볼 수 있다. 당시로서는 실황 중계방송이라고 하면 으레 스포츠 중계방송을 생각했기 때문에 보도의 영역에 이러한 스포츠 중계와 같은 직접적인 상황 전달과 생생한 묘사, 그리고 승부에 일희일비하면서 대중과의 교감을 이끌어 내는 '말'의 방식이 전통적으로 '글' 보도의 방식에 그대로 이어지는 것은 문제라는 인식이 이러한 직접성 문제를 비판하는 배경이 되었다고 볼 수 있다.

이는 그러한 실황 중계 방식의 방송 뉴스가 언론으로서는 질적으로 신문 뉴스를 따라가지 못한다는 인식으로 이어졌다. 신영철

은 "선용돼야 할 직접성-거두절미의 속보는 졸보"라는 글에서 다음
과 같이 지적하고 있다.

보도 방송에 있어 몇 가지 위험한 경향을 나타내고 있다. 즉 그
하나는 과잉 표현 취향이며 또 다른 하나는 지나치게 대담한, 때
로는 그 리얼리티Reality를 말살하기까지 하는 생략이다. 분초를 다
투는 나머지 보도는 각색이 되고 거두절미되어 원형마저 잃는 때
가 비일비재한 것이 바로 그것이다. 특히 선명하고 진한 설득력을
갖고 시청각에 호소돼서 전파미디어의 우위를 증명하는 직접성,
동시성, 실재감에 대해서는 전달자가 전달 내용에 감정을 불어넣
었다는 말로 그 내용이 생생한 생기를 띠게 된다. 그런 특성이 어
떤 사회적 변동기나 정치적 격동기 또는 인권 문제와 중대한 관련
이 있는 문제 등에서 함부로 활용된다면 그것이 무의식적의 조작
이었다 하더라도 그 결과는 엄청난 것이 될 수 있다. 보도는 보도
자체로서 엄격하게 객관성을 지키고 있어야 할 것은 물론이려니와
더욱이 그것을 전달하는 자는 순수한 전달자이기를 요구받는다.
그런데 거기에다 감정을 주입하고 억양을 붙여 기록된 보도 내용
과는 심히 다른 형태의 전달이 이루어진다면 그것은 객관성의 상
실이라고 할 수밖에 없다. 과장과 과잉 표현은 어떻게든지 기피되
어야 하고 방향이나 편성에 있어서 정치적 편향이나 감정도 어떻

게든지 억제되어야 할 일이다.신영철, 《방송문화》, 1968년 3월호

여기서 주목할 점은 직접성의 의미가 감정적 전달이나 과장, 과잉 표현과 같은 의미로 사용되고 있다는 것이다. 이는 일견 객관적인 저널리즘의 원칙을 위한 듯 강조하지만 사실 원칙에 입각한 현재의 직접성과는 사뭇 다른 의미를 가진다는 점이 흥미롭다. 사실을 전달했느냐 하지 않았느냐의 문제 또는 그 전달된 내용이 사실이냐 아니냐의 문제가 아니라 그 전달하는 방식이 사실적이냐 감정적이냐, 무엇보다 감정을 배제한 '순수한' 전달이었느냐의 문제가 더 중요하다는 점, 또한 걸러지지 않은 직접적인 전달이 오히려 사실을 왜곡할 수 있고 과도하게 됨으로써 좋은 뉴스, 질 높은 뉴스를 만들어 내지 못한다고 인식했다는 점에서 그러하다.

속보성에서도 문제는 면밀한 여과 과정을 거칠 시간적 여유가 없다는 것이었는데 즉시 바로 보내는 과정에서 현실로서 보도해야 할 뉴스, 리얼리티는 오히려 말살되고 졸보나 오보가 양산될 수밖에 없다는 것이다. 당시 라디오 보도에서 속보 경쟁이 불러온 엄청난 오보 사건이 바로 1967년 8월 25일 MBC가 충남 청양군 구봉광산에 매몰된 광부 양창선 씨와 지하에 마이크를 연결해 생존 확인 특집 방송을 한 것이었다. 각 방송국들은 스무 시간이 넘는 실황 중계방송을 통해 현장성을 살리는 속보 경쟁을 했는데, 이 과정에서 구출이 몇 시간 더 걸릴 것이라는 현지 기자의 연락이 있었는데

도 KBS와 MBC가 하루 앞서 양 씨가 타지도 않은 헬리콥터에 타고 서울로 향했다고 성급한 보도를 했고, TBC는 굴속에 갇혀 있는 양 씨가 구출되었다고 앞질러 보도하는 사태가 발생했다. 이를 듣고 현지 주민들이 매몰된 광산으로 몰려갔다가 오보라는 것을 알고는, '엉터리 방송하는 기자'라고 면박을 주었다.

직접성도 속보성도 어쩌면 라디오 방송이 신문을 뛰어넘어 이뤄내는 가장 큰 라디오 보도의 장점일 것인데, 그 전달의 방식과 의미는 언론으로서는 경계하고 불안할 수밖에 없는 것이라고 이해했다는 것이다. 이러한 직접성과 속보성은 방송보도의 가장 큰 특성이지만 방송보도가 언론이 되기 위해서는 이러한 직접성과 속보성에서 걸러진 리얼리티, 분석적이고 창조적인 뉴스를 보도해야 한다는 것이다. 결국 보도에는 현실의 사건이나 사실 이전에 좋은 보도와 나쁜 보도가 있고 보도해야 할 리얼리티와 보도하지 말아야 할 리얼리티가 있다는 것이고 그러한 언론의 리얼리티를 저해하는 것이 바로 그 방송의 '말'이었다.

그런데 당시로서는 그 '말'의 문제를 라디오라는 미디어의 속성으로 이해했다기보다는 라디오라는 미디어를 신문의 연장선에서 이해하고 신문처럼 제대로 된 보도글가 되지 못하는 라디오 보도말가 갖는 문제점을 비판했다고 할 수 있다. 라디오 방송은 언론이 담아야 할 걸러지고 정돈되어 서술되는 글처럼 좋은 내용을 담아내기에는 너무 투명하고 너무 많이 말로써 직접적으로 드러내어 보이기에 무리하게 비판하고 대중에게 함부로 영향력을 행사한다는 것이다.

§ TV 시대, 종합녹음구성 및 네트워크 생방송 뉴스쇼

한국 방송 지형에서 방송 저널리즘의 외양이 구축되기 시작한 것은 1960년대 동아방송을 필두로 KBS, MBC, RSB라디오 서울, 후에 동양라디오 TBC 등 상업방송국을 중심으로 한 편성 경쟁이 격화되면서부터였다. 특히 텔레비전의 등장으로 매체 내에서뿐 아니라 매체 간의 긴장감이 높아지면서 제도와 기구, 장르 및 편성에서 효율성 중심의 경쟁 체제를 갖추기 시작한 시기였다.

가장 두드러진 변화는 뉴스 횟수와 양이 대폭 증가한 것이었다. 라디오 서울은 개국 해인 1964년 가을 개편에서 정시 뉴스를 하루 15회, 같은 시기 DBS는 1분 뉴스 두 개 띠를 포함하여 16회, KBS는 15회, MBC는 13회를 편성했고, CBS는 18회로 늘리면서 종합뉴스 시간을 늘렸다. 하루에 한두 번만 빼고 거의 전 시간대에 각 방송사가 같이 뉴스를 내보냈다. 그러나 뉴스 시간이 많아졌다고 해서 새로운 뉴스가 증가한 것은 아니었다. 아침 9시나 10시에 나간 뉴스를 한 자도 고치지 않은 채 매시간 내보내거나, 어느 때는 그 다음 날 아침 8시까지 들을 수 있었다. 다시 말해 하루 9~10번 듣던 뉴스를 뉴스 강화 이후에는 15번 듣게 되는 것에 불과하다는 혹평도 있었다.

　방송 뉴스 개념에 획을 그은 것은 DBS가 개국 다음 해 2월에 7시 종합뉴스 프로그램 '귀로 읽는 신문'이라는 이미지의 〈라디오 석간〉1964. 2. 22을 탄생시킨 것이었다. 〈라디오 석간〉은 미국에서 라디오가 이미 '뉴스와 정보 매체'로 자리 잡고 있는 것을 보고 온 DBS의 최창봉 부장에 의해 기획되었다. 뉴스 전달의 패턴을 소화, 집중화, 대형화하여 아나운서의 뉴스 낭독 사이사이에 녹음 인터뷰, 현장음을 삽입하고, 음악으로 다리를 놓는 복잡한 종합녹음구성 뉴스쇼였다.

　새로운 포맷의 성공은 뉴스를 새롭게 개념화한 데 있었다. 관청 및 장관 홍보 기사는 버리고 민생 관련에 집중했다는 점에서 차별성이 있었다. 특히 매시 뉴스의 개념으로 '지금 들어온 뉴스를 지금 내보낸다New News Now'는 운영의 원칙이 새로웠다. 오후 3시 15분에 일어난 사건을 4시 뉴스에 송출할 수 있도록 테이프를 방송국에 보냈고, 취재차에 소방차 운전기사 출신을 채용하기도 했다. 현장 녹음이 매시간 방송되자 대학생 데모를 '생중계'한다는 오해가 나올 정도였다. 〈라디오 석간〉과 이후 신설된 아침종합뉴스 〈라디오 조간〉은 정시 뉴스의 포맷을 획기적으로 변화시킨 프로그램으로서 타 방송국의 벤치마킹 사례가 되었다.

　녹음 기술은 라디오 시사 고발 보도의 지평을 확산시켜 주었다. 그러나 새로이 선출된 박정희 정부는 신문과 방송 언론에 정부의 정책 목표에 맞는 '대중계몽과 교양' 교육을 요구하고 있어 갈등이 증폭되고 있는 상태였다. 이러한 갈등이 가장 극대화된 사례가 1964년 6월 3일 정부가 비상계엄을 선포한 다음 날 벌어진 동아방송의 〈앵무새〉 프로그램 사건이었다.

〈앵무새〉는 방송 사상 처음으로 등장한 5분 길이의 방송 시사 칼럼이었다. 일상적이고 직설적인 표현과 암시적 야유, 반어적 기법의 어투에 날카로운 여자 성우의 목소리가 어우러져 강렬한 사회 비판의 효과를 만들었다. 전통적인 언론의 파수꾼 역할을 추구하던 《동아일보》와 동아방송은 박정희 정부가 군정 때부터 추진해 온 한·일 국교 정상화를 위한 한일회담의 진행과 한일 교섭 과정이 굴욕적이고 저자세라고 규탄하던 학생들의 데모를 적극적으로 보도하며 정부의 굴욕외교를 강도 높게 비판했다.

이 〈앵무새〉 방송은 정부의 표적이 되었고 프로그램에 관계된 동아방송 방송국의 5명과 편집국의 2명 등이 내란 선동 선전과 반공법 위반, 학생 데모 배후 조종 등의 혐의로 당국에 구속되었다. 정부가 방송 언론을 탄압한 첫 번째 사례였으며, 방송인이 반공법 위반으로 구속된 최초의 언론 탄압 사건이었다. 특히 방송의 어떤 내용보다는 방송 전체에 대해 어떤 것을 다루어서는 안 된다는 '부작위적 정치제한선을 포고'한 사건이었다.

〈앵무새〉는 이후 여론을 조성하는 해설적이고 사실적인 칼럼의 역할에 전범이 되어 MBC의 〈오발탄〉이나 TBC의 〈레이다640〉 같은 프로그램이 등장하는 계기가 되었다. 점차 한국의 방송 뉴스에서도 정부의 입장과 다른 견해가 다루어지기 시작하고, 시사 이슈가 해학적인 콩트 형식이나 논평, 해설로 보도되면서 청취자의 높은 호응을 얻었다. 방송 기자들 역시도 단순히 스트레이트 뉴스를 횟수만 늘려 내보내기보다도 방송도 신문과 마찬가지로 소위 언론이 되어야 한다는 의견을 적극적으로 제시했다.

뉴스 분야에서 독주하던 동아방송의 뒤를 이어 각 상업 방송국들은 신문 언론들과의 제휴를 통해 경쟁력을 확보하고자 했다. 1966년 MBC는 《한국일보》와 기사 제휴 계약을 하고 〈한국일보뉴스〉를 하루 세 차례 방송했고, CBS는 《조선일보》와 보도 제공 협정을 체결하여 하루 네 차례 〈조선일보뉴스〉를 방송했다. 라디오 서울과 중앙텔레비전의 소유권이 모두 삼성으로 넘어가며 만들어진 TBC는 《중앙일보》와 통합 운영되는 '중앙매스컴 센터'를 형성하여 이미 신문과의 제휴가 이루어져 있었다. 이같이 신문 뉴스를 받아 보도하고 신문사 논설위원이 초빙되어 방송을 하는 형식에서 DBS의 〈라디오석간〉 같은 새로운 방송 뉴스 개념의 프로그램이 나오기 시작했다. 그리고 선발 미디어였던 신문과의 협력 관계는 시장에서 매체 간 경쟁을 일정 정도 완화하는 효과를 불러왔으며, 취재진을 공유하여 비용 절감과 뉴스 경쟁력 강화를 꾀할 수 있었다.

이어 다른 방송국들도 종합 뉴스 프로그램을 각각 저녁과 아침에 편성했다. MBC는 1966년 편성에서 저녁뉴스를 30분 길이의

종합 리포트 형식 뉴스쇼로 전환한 〈뉴스의 광장〉을 신설했고 곧
이어 아침 종합 뉴스로도 확장했다. MBC는 이 프로그램의 탄생으
로 지금까지 인쇄매체의 틀에서 벗어나지 못했던 방송 기자가 '말
하는 기자'로 탈바꿈하는 전기轉機를 만들었다고 자신을 평가했다.
TBC는 〈뉴스 타워〉를 신설했다.

나아가 방송 기술의 발달은 보도 프로그램에도 전기를 이루는
변화를 가져왔다. 소형무선 송수신기 등 새로운 기재들은 취재의
기동성을 한층 높였다. 체신부현 정보통신부 전신의 전국 마이크로웨이
브 망이 완성되어 네트워크 생방송 프로그램을 다원적으로 제작할
수 있게 되었다. KBS와 MBC는 전국 네트워크를 동시에 연결하
는 것이 가능해짐으로써 라디오 매체의 위력을 배가시켰다. 특히
MBC는 1968년 9월 〈뉴스라인〉을 신설하여 취재 기자와 대담 형
식으로 진행하는 MC를 최초로 등장시켰다. KBS 역시 지방 네트
워크를 연결하는 〈뉴스릴레이〉를 편성했다.

이즈음부터 뉴스 해설은 독립된 프로그램으로 편성되거나 종합
뉴스 프로그램 속에 포함되기도 했다. 대개의 경우 하루 한 번 10
분 이내로 방송했지만 각 방송국은 이를 매우 중시했다. 신문 저널
리즘과 연결한 상업 방송국들이 미약하나마 라디오 방송 언론의
색깔을 형성하기 시작했음을 의미했고, 정부 정책의 공보·홍보 매
체로만 여겨지던 오랜 전통에서 조금씩 벗어나는 계기가 되었다.

1960년대 말에 들어서며 라디오는 매체의 특성상 뉴스의 즉시성

을 살릴 수 있는 융통성을 발휘하고 방송 시간 판매를 고려해서 긴 시간을 생방송하는 것이 최상이라는 결론에 도달했다. 긴 시간을 토막으로 이어 주고 그것을 하나로 통합하는 유능한 방송 진행자가 필요하게 되어 퍼스낼리티를 강조하게 되었다. 그리고 지금 바로 필요한 정보와 신속하게 제공되는 뉴스가 유연하게 끼어들 수 있는 생방송 포맷이 최선으로 선택되었다. 텔레비전 시대의 라디오 편성 전략으로 생방송 와이드 퍼스낼리티 프로그램이 중요하게 등장했다.

동아방송이 1969년 10월 신설한 〈뉴스쇼〉는 한국 최초의 퍼스낼리티 뉴스매거진 프로그램이었다. 〈뉴스쇼〉의 성공 이후 봉두완 앵커가 진행하는 TBC의 〈뉴스전망대〉1971년 2월가 등장하여 "뉴스전망대에서 바라보는 오늘의 세계"라는 멘트를 유행시키며 가장 성공적인 뉴스 퍼스낼리티로 유명세를 탔다. MBC 역시 1970년대 들어 뉴스 프로그램을 버라이어티 혹은 쇼 형식으로 전환했다.

아침, 저녁 종합 뉴스 프로그램이 편성되고 와이드 대형 생방송 프로그램이 늘어나면서 1972년경에는 주간 단위 시사 프로그램들이 방송국마다 한두 편씩만 남고 사라졌다. 생방송 뉴스쇼에서 즉각적 보도가 가능해졌기 때문이다. 그러나 가장 큰 요인은 유신시대 박정희 정부의 언론통제가 극심해져 사실상 보도 관련 프로그램 취재 제작이 용이하지 못했기 때문이다. 텔레비전 시대에 라디오 전성기가 막을 내린 상황에서 어쩔 수 없는 선택이기도 했다.

1970년대 억압적인 방송 정책을 통해 얻어진 부수적 성과는 방송
이 수도권 뉴스 등 비정치적 뉴스와 해외 취재 영역에 관심을 쏟
게 된 것이었다. 1972년 4월 개편에서 사회비판 프로그램이었던
MBC의 〈오발탄〉이 〈해외토픽〉으로 바뀐 것은 1970년대 변화의
성격을 잘 보여 주고 있다.

§ 1960년대 라디오 저널리즘의 특성

'방송은 언론이 아니다'

1960년대 후반에 이르러서도 방송 뉴스, 방송 기자, 방송 저널리
즘이라는 말은 사회적으로 그렇게 자연스럽게 받아들여지지 않았
고 방송 기자의 기자로서의 정체성은 신문 기자와 비교해 많이 부
족했던 것으로 보인다. 방송 기자, 방송 저널리즘은 신문, 신문 기
자와는 언론이라는 영역에서, 아나운서와는 방송이라는 영역에서
갈등하고 경쟁하는 존재였다. 방송이 신문과 마찬가지로 언론이
되기 위해서는 스트레이트 뉴스만 전하지 말고 여론을 조성하는
해설적·사설적인 칼럼의 역할을 하는 보도 프로그램을 늘려야 한
다는 주장도 있었고, 신문이 수난과 투쟁에서 얻은 오피니언 리더
로서의 긍지를 가지게 되기까지의 그러한 노력이 방송 기자에게도
필요하다는 점이 강조되기도 했다.

무엇이 방송 뉴스인가, 누가 방송 기자인가에 대한 이러한 논란
은 1960년대 후반에서 1970년대 초반에 걸쳐 활발하게 전개되었

다. 이 논란은 1966년 전파관리법의 개정을 추진하고 있던 주무장
관이 "방송은 언론이 아니다"라고 말해 방송이 언론이냐 아니냐,
방송이 언론이 되려면 어떻게 해야 하느냐, 방송이 언론이 아닌 이
유는 무엇인가 등의 논란을 촉발했다. 윤병일은 "한국의 방송변론:
방송은 언론이 아니다"라는 글에서 다음과 같이 기술하고 있다.

> 방송은 사설과 같은 자기주장을 내세울 수 없을 뿐 아니라 신문
> 과 같이 비판 기사를 쓰기에는 아직 난삽한 용어와 알아듣기 힘든
> 간략한 표현 등의 문제가 많아 신문의 속달 역할에 머물러
> 있다...... 또한 역설적으로 방송이 언론이 되기 위해서는 지도층 속
> 에서 사명감을 갖는 것이 필요하다...... 어찌 방송이 언론이 아닐 수
> 있는가? 그런데 현실은 너무나도 아닌 것이 안타까운 것이다. 윤병일,
>
> 《월간방송》 1971년 5월호

반면 이덕근은 방송에서도 사설과 같은 의견 기능이 필요하다는
입장에서 다음과 같이 비판한다.

> 우리나라에서 일반적인 상식으로 언론기관이라고 하면 주로 신
> 문을 생각하고 방송은 그 속에 들어 있지 않은 것으로 아는 사람
> 들이 있다는 것은, 첫째 우리 방송에 신문 사설과 같은 주장이 허

용되어 있지 않기 때문에 언론기관으로서의 자격이 결여된 것으로 생각되기 쉽고, 둘째 방송이 여론을 형성하는 영향력이 신문에 비해 약하다는 기능에 대한 오해, 셋째 언론은 반드시 정론을 다루어야 한다는 낡은 생각 등에 기인한 것이었다......

우리나라에서 방송사설을 허용치 않음은 방송의 의견 기능을 마비케 하여 공공적 책임을 다할 수 없게 하는 것이며 공중에게 참으로 매우 필요한 토론을 봉쇄하는 것이다. 이덕근, 《신문학보》 2, 1969

언론의 정수는 비판 기능과 의견 기능인데 방송이라는 미디어가 그러한 비판적인 의견을 내놓는 미디어인가 아닌가의 논쟁이 이어지고 있는 것이다. 또한 방송 보도에서는 그 기능이 약하거나 제한되기 때문에 언론으로서의 열등함을 보일 수밖에 없다는 것이다. 그렇게 방송을 언론으로서는 취약한 매체로 인식한 데는 방송이 신문처럼 논리적인 '글'로서 객관적인 사실을 전하기보다 사람들의 감정에 쉽게 호소할 수 있는 '말'이라는 점이 문제가 되었던 것으로 보인다. 특히 라디오로 들리는 말은 그렇게 논리나 객관성이 부족하거나 감정이 여과 없이 전해져 과도할 수 있으며 그것이 오락적인 것에서 대중의 이성과 공공적 의식을 마비시키는 것도 문제지만 엄중한 사실을 전하는 말일 때 그 말은 더욱 위험할 수 있다고 본 것이다.

1960년대 당시 라디오 저널리즘에 대한 이해는 라디오라는 전기적電氣的 미디어를 활자 미디어, 즉 신문을 통한 언론, 또는 보도와 구분하지 못하고 라디오 저널리즘을 그러한 신문이 지닌 능력이 확장되고 증폭된 것으로 파악하는 경향과 친근한 오락 미디어로서 직접적·개인적 경험으로 다가오는 라디오의 특성이 충돌하고 동시에 경험되면서 일으킨 결과라고 할 수 있다. 라디오 방송이 언론이 될 때 그때의 '말'은 더 이상 '글'이 될 수 없음에도 당시 방송 저널리즘을 보는 인식은 '글로 된 말'이 되어야 한다는 것이었다.

"방송은 언론이 아니다"라는 말은 방송이 "진정한" 언론이 되어야 한다는 반어적 표현일 수 있다. 이는 라디오 방송 저널리즘이 그러지 못하는 것에 대한 비판이었고 그 비판의 중심은 글처럼 논리적인 주장을 담지 못하는 라디오 저널리즘의 내용과 그 수준의 문제였다.

'쓰는 기자'에서 '말하는 기자'로

방송 기자란 직종이 도입된 것은 해방 후였지만 방송에서 뉴스를 직접 읽은 사람은 대부분 아나운서였다. 아나운서와 독립적으로 취재와 보도를 직접 방송 기자가 담당하게 된 것은 앞에서 살펴본 바와 같이 1960년대 중반 민영 상업 라디오 방송국들이 개국하고 청취율 경쟁이 심화되면서 뉴스 프로그램이 새롭게 포맷화된 이후부터라 할 수 있다. 1966년 신설된 MBC의 〈뉴스의 광장〉 프로그램에서 최초로 기자가 직접 리포트하는 방송을 하였다. 이로써 신문의 '쓰는 기자'에 대칭되는 방송의 '말하는 기자'가 비로소 등장하게 되었다.

그런데 당시로서는 라디오의 '말하는 기자'는 신문의 '쓰는 기자'의 연장선에서 다른 저널리즘 양식이라고 이해되지는 않았던 것으로 보인다. 또한 취재나 제작 면에서 이전의 아나운서에 비해 월등히 기자의 전문성을 확보했다고 보기도 어려웠다. 오히려 종전에 아나운서가 기사를 읽던 것을 현장 기자의 육성으로 진행함으로써 '말하는 훈련'이 된 방송 기자가 필요했다고 할 수 있다. 기자의 리포트 프로그램은 청취자들에게는 '실감 나는' 새로운 것으로 인식되어 청취율의 상승을 가져왔지만, 방송 기자의 자질로서 '말하는 훈련'의 부족은 아나운서들에게는 심각한 문제로 보였고 방송을 잘 모르는 것으로까지 이해될 수 있었다. 예컨대 지방 출신 기자들이 사투리를 섞어 쓰거나 자고저_{字高低}를 틀리게 발음하는 경우들이 지적될 수 있었다.

이 시기 방송 기자가 직접 리포트를 하는 형식이 시작되었다고는 하지만 여전히 방송 기자의 단독 리포트 방송보다는 방송 진행자를 사이에 둔 기자와의 대화, 대담 형식이나 프로그램 중간 한 코너로서 음악 등과 함께 전체 프로그램을 구성하는 형식이었다고 보인다. 그리고 이러한 종합녹음구성 뉴스와 퍼스낼리티가 강조된 뉴스쇼, 뉴스매거진 프로그램에서는 기자의 목소리보다는 방송을 진행하는 아나운서나 MC, 성우의 목소리에 사람의 귀를 구심화하는 힘이 있었다고 할 수 있다.

1960년대 중반 기자 중심 체제의 보도 방식이 라디오 보도 방송의 고정 포맷으로 자리 잡고 방송 기자들이 육성으로 사건 사고를 방송하면서 대중적으로 이름이 알려지자 기자 사회에서 방송 기자의 위상은 달라졌다. 또한 이후 이루어진 보도 부서의 직제 개편에서 아나운서와 기자는 분담 업무에서 점점 분리되었을 뿐만 아니라 신문사와 같이 취재시스템에 맞는 보도국 내의 세분화가 이루어졌다. 이로써 이 시기에 방송 기자가 아나운서, 신문 기자와는 다른 외양을 점점 구축해 가기 시작하면서 방송 기자의 언론인으로서의 정체성을 본격적으로 묻고 고민하게 되었다고 할 수 있다.

건전한 말, 거짓말

직접적인 라디오 방송 뉴스의 말이 신문 뉴스의 글보다는 언론으로서 취약하거나 위험할 수 있고 문제가 있다는 인식을 보여 주는 단적인 예로 다음 회고담을 들 수 있다.

당시 DBS를 보는 박정희 최고회의 의장의 눈은 곱지만은 않았다. 대학생 데모를 생중계한다고 믿었기 때문이다. 현장 녹음을 시간 시간마다 방송하니까 '생중계'로 오해했던 것이다. 군정에서 민

정으로 이양되어 군복을 벗고 출마한 박정희 후보가 투표장에서
나오자 생방송하던 김남호 아나운서가 박 후보에게 마이크를 갖
다 대고 소감을 물었다. 박 장군은 "동아방송은 거짓말 방송하지
마시오" 하며 퉁명스럽게 적개심에 찬 어투로 쏘아붙이는 쿠데타
지도자의 이 말에 김 아나운서는 순간적으로 얼어붙었다. 그리고
는 외마디 반응했다. "무슨 그런 말씀을……"이정석, 《한국의 방송인: 체험적 현장
기록 한국방송 1956-2001》, 2001

직접적으로 현장을 전한 방송 뉴스가 거짓말로 인식될 수 있는
것은 그 뉴스가 정말로 사실이 아닌 거짓을 전해서가 아니라 거짓
말처럼 좋지 못한 말이거나 위험한 말이라는 맥락에서일 것이다.
그것은 당시의 최고 권력에 대해서는 적대적으로 보이는 동아방송
의 뉴스가 당시의 상황에서 언론이 해야 할 사회적 책임을 다하지
못하는, 그래서 참다운 말을 하지 않는다는 점에서 '거짓말'일 수
있는 것이다. 현장을 담아 사실을 전했느냐의 여부를 떠나 잘못된
이야기를 전한다는 의미이며, 그 거짓말하는 이야기는 또한 사실
일 수 없다는 것이다. 사실은 그 말이 이야기되는 맥락에서 사실이
될 수도 사실이 아닐 수도 있는 것이다. 말이 맥락적이듯 뉴스의
의미도 맥락적으로 이해되고 있었다.

저널리즘은 단순히 정보를 많이 가지고 있거나 사람이 누구나
알 수 있도록 사실을 전달하는 문제만이 아니며, 그러한 사실과 정

보가 인간과 사회의 전체 맥락 속에서 종합적으로 이해될 것을 요구한다. 또한 저널리즘은 고도로 전문적인 지식과 세세한 정보보다 삶이 일상적으로 경험되는 공공의 영역에서 작동한다. 따라서 객관적인 사실과 정보라는 개념만이 아니라 사실과 정보를 맥락화해 풀어냄으로써 삶의 경험을 공감하게 하는 감성, 정서 또한 저널리즘의 중요한 측면이 아닐 수 없다.

뉴스를 맥락화해 이야기로 인식하는 것은 뉴스를 객관적 사실로 인식하는 것과는 다른 방식으로 저널리즘을 이해하고 받아들이는 것이다. 당시 박정희 의장의 거짓말하지 말라는 말을 통해 동아방송이 무엇을 사실로서 보도하고 보도하지 않았는지, 그때의 방송이 전한 정보가 충분했는지 부족했는지의 문제를 판단하는 것은 무의미하다. 중요한 것은 당시 보도가 박 의장에게는 거짓말로 인식되었고 그 말은 그 보도가 그가 이해하고 경험하는 맥락에서 사실이 아니었다는 것이다.

1960년대 그 시기 방송 저널리즘에서의 거짓말 논란은 당시 방송 저널리즘이 어떤 전통적 저널리즘의 요소들과 어떤 인식의 문제로 충돌했는가를 보여 준다고 할 수 있다. 또한 그 시기가 한국 사회에 근대적인 방송 저널리즘의 가치나 태도가 내면화되지 않은 시기라는 점에서, 또한 한국 사회에서 근대적 방송 저널리즘의 여러 가지 측면의 요소들이 함께 실험되고 경합했던 시기였다는 점에서, 당시 부각된 논란과 쟁점들은 지금의 방송 저널리즘 현상에서 갈등하고 논란이 시작되는 점들을 이해할 수 있는 자화상이 될 것이라고 생각한다.

§ '옳은' 언론과 '좋은' 언론

1960년대의 문제만은 아니겠지만 당시 라디오 저널리즘의 열등 감, 약한 신뢰성의 바탕에는 당시 라디오 방송을 포함한 거의 모든 매스 미디어에 대한 인식의 저변에 존재했던 계몽 논리, 즉 무엇보 다 방송은 '도덕적 공감'을 자아내는 예술성을 가져야 한다는 인식 과 신문보다는 라디오와 방송이 이를 제대로 실현하지 못한다는 불만과 비판이 중심을 이루고 있었다.

세상에서 일어나는 실제의 사건과 공공의 문제를 다루는 저널리 즘 영역에서도 뉴스가 어떠해야 하고 무엇이어야 한다는 논리에는 사실이나 원칙으로서의 객관성에 앞서 이러한 도덕적 공감의 문제 가 중요하다고 보는 것이다. 그리고 그 도덕적 공감은 사회적 책임 과 사명을 다하는 데서 찾을 수 있다고 보았으며, 대중과의 소통을 위한 즐거움이나 감정적 해소에서 오는 것이 아니라 대중을 더 높 은 가치로 일깨우는 예술로서 대중을 감동시켜야 할 목표로서 달 성될 수 있다고 보았다. 또한 그러한 도덕적 공감을 이뤄갈 수 있 는 뉴스가 객관적인 사실로 인정되었다. 이것이 라디오 방송에 대 한 지속적인 건전성에 대한 요구였으며 계몽 논리의 주요 내용이 었다고 할 수 있다.

한국 언론이 사회적 신뢰를 얻지 못하는 연유가 무엇일까? 무엇보다 정치권력에 유착하여 진정한 공론권으로서의 역할 수행을 하지 못했다는 역사적 경험이 포괄적 사유가 되겠지만, 그와 더불어 공정경쟁을 도외시한 채 일부 언론이 사회적 의사소통, 즉 여론 형성의 통로를 독점하게 된 시장환경적 조건, 내용의 질적 하락을 초래한 이익 우선적·상업적 저널리즘의 횡행, 사회성원들의 합의되지 않은 가치를 공공선으로 주창하는 언론의 독선과 오만, 그리고 공공선을 공유하지 않은 언론 간의 지리멸렬한 상호 비난 등을 직접적인 언론 신뢰 위기의 원인으로 꼽을 수 있을 것이다. 이와 더불어 그 배경에 자리한 정치권력의 문제, 즉 식민지 경험과 군부 독재로 인해 야기된 공식 제도에 대한 강한 불신을 간과해서는 안 된다. 한마디로 한국 사회 언론의 신뢰 위기는 정치권력과 언론이 오랜 세월을 두고 빚어 온 상호작용의 결과, 즉 역사적 합작품으로 볼 수 있다.

언론에 대한 신뢰는 그 수행 형식에서 '어떻게' 보도할 것인가, 즉 언론의 실천 규칙 또는 제도적 장치에 중점을 두는 '옳은' 언론으로서의 절차적 정당성을 확보하는 동시에 '무엇을' 보도할 것인가, 즉 보도 내용의 가치적인 측면에 주된 관심을 두는 '좋은' 언론으로서의 사회의 공공선을 위한 가치를 수행해 나가는 것에서 확보될 수 있을 것이다. '옳은' 언론과 '좋은' 언론 모두가 언론 신뢰 확보에 필수적이며 양자 간의 균형이 가장 이상적이라는 것은 두말할 필요도 없다.

그러나 한국 사회 언론의 신뢰 위기를 초래한 역사적 배경을 성찰해 볼 때 계몽 저널리즘의 전통이라는 맥락에서 한국 사회의 언론은 '좋음', 즉 '어떻게' 보다 '무엇을' 수행할 것인가 하는 것에 비중을 두어 왔고 사회가 지향하고 합의할 공공선, 정의의 문제에 과도하리만치 가치를 두어 왔다면 이제는 공론권으로 역할하기 위한 절차적 정당성에서 찾아보는 '옳은' 언론을 모색하는 것이 필요하다고 생각된다.

한국 사회가 서구와는 다른 전통적인 공동체에 기초한다는 사실에서도 공적 신뢰의 제도화, 합리적 절차로서 '옳음'의 문제에 좀 더 천착할 것이 요구되며, '사실성'과 '타당성'을 끊임없이 확인하는 절차적 원칙을 마련하고 그 원칙의 준수를 철저히 점검하는 시스템이 언론의 신뢰를 확보하고 나아가 한국 민주주의의 성숙에도 기여할 것으로 보인다.

한국의 시에 나타난 라디오

라디오란 무엇인가

라디오는 근대 과학기술의 산물이다. 굴리엘모 마르코니^{Guglielmo} Marconi의 무선통신 기술을 바탕으로 라디오가 탄생했고, 리 드 포리 스트Lee De Forest가 진공관을 개발하면서 소리가 증폭되게 되었다. 트 랜지스터는 라디오를 소형화함으로써 라디오의 확산에 기여했다. 여기에 라디오의 네트워크화, 주파수 운영의 법제화, 프로그램의 편성 및 광고와 같은 방송 제도들이 개입하면서 라디오의 발전을 이끌었다.

이러한 근대 과학 기술과 제도의 발전과 함께 사회문화적 측면 의 발전이 라디오의 발전에 기여했다. 1930년대의 대공황 및 제2 차 세계대전과 같은 거대한 흐름의 시대 상황, 그리고 산업사회 이 후 도시화와 대중의 출현 등과 같은 사회문화적 현상들이 결합하면서 라디오의 발전이 이루어졌다. 라디오가 대중문화의 확산이라는 사회문화적 현상을 이끌기도 했으며, 사회문화적 양상들이 라디오의 발전과 확산을 촉진하기도 했다.

라디오의 등장과 확산을 지켜본 학자들은 라디오의 커뮤니케이션적 기능과 사회변화 동력으로서의 가능성에 주목했다. 독일의 대표적 시인이자 극작가인 베르톨트 브레히트Bertolt Brecht, 1898~1956는 의사소통 도구로서의 라디오의 가능성을 누구보다도 먼저 발견했고 그 가능성을 실험하기도 했다. 브레히트는 1929년 〈대서양 비행〉이라는 방송극을 써서 한 음악 축제에서 공연함으로써 일방적인 라디오를 상호작용하는 미디어로 바꾸고자 하는 라디오 실험을 직접 실행하기도 했다. 브레히트는 라디오는 일방적인 전달 도구에서 의사소통 도구로 바뀌어야 한다고 강조했다.

브레히트와 동시대를 살며 사상을 교류했던 발터 벤야민Walter Benjamin, 1892~1940 역시 라디오의 교육 기능을 강조했고 이를 실천하고자 했다. 그는 1929년부터 1932년 사이에 베를린의 풍크슈툰데Funkstunde 방송에서 방송 작가, 문학 비평가, 매체 비평가로 활동했다. 이 기간 동안 그가 시도한 '방송 모델'은 라디오가 프로그램을 제공하면서 청취자를 단순한 소비자로만 대하는 것이 아니라 청취자의 주체적인 학습을 유도하도록 하는 것이었다. 요컨대 청취자를 생산자로 탈바꿈시키면서 라디오를 학습 수단으로 '기능 전환'을 하게 했던 것이다.

또한 벤야민은 『사진의 작은 역사』[1931], 『기술복제 시대의 예술작품』[1936] 등을 통해 매체 이론을 역설했다. 벤야민은 영화, 사진, 라디오와 같은 기술 매체의 시대를 '기술복제 시대'라 정의하고, 기술복제 시대에 예술이 갖는 가장 큰 변화를 '아우라[aura]'의 붕괴에서 찾았다. 그는 아우라를 "공간과 시간으로 짜인 특이한 조직물로서, 아무리 가까이 있어도 멀리 떨어진 것의 일회적인 현상"으로 설명한다. 이는 예술에 간직되어 있는 작품의 진품성이며, 흉내 낼 수 없는 예술 작품의 고고한 분위기를 말한다.

벤야민의 매체 이론은 새로운 기술문명은 기술 매체에 의한 예술의 변화와 이를 통해 예술에 잠재되어 있는 정치적 기능의 전환을 가져온다는 '예술의 정치화'를 말하고 있다. 요컨대 발전된 매체에 의존하는 현대 예술은 수동적인 수용에 초점이 맞추어져 있는 전통 예술의 기능을 기술 매체를 통해 전환시킨다는 것이다.

한편 캐나다의 미디어 이론가인 마셜 맥루언[Marshall McLuhan, 1911~1989]은 라디오를 '부족의 북'에 비유했다. 그는 라디오는 부족의 뿔피리나 고대 북소리와 본질적으로 같은 것이며, 인류를 다시금 부족화하는 힘을 갖고 있다고 설명한다.

맥루언은 먼저 미디어를 '인간의 확장[extension of man]'으로 이해한다. 감각기관을 통해 세계를 인지하는 인간에게 미디어는 인간과 세계를 연결하는 감각의 확장이라는 것이다. 인간의 신체 부위가 확장되는 것은 인간의 삶에 큰 영향을 미친다.

그리고 맥루언은 미디어를 '핫 미디어hot media'와 '쿨 미디어cool media'
로 구분한다. 핫 미디어는 고정밀성과 저참여성, 그리고 쿨 미디어
는 저정밀성과 고참여성을 특징으로 한다. 정밀성이란 어떤 메시
지의 정보가 분명한 정도 또는 실질적인 밀도를 의미하며, 참여성
은 어떤 메시지를 받아들이는 사람이 그 뜻을 재구성하는 데 필요
한 노력 투입의 정도를 의미한다. 수용자는 어떤 메시지의 부족한
정밀성을 자신의 참여성으로 채우려 하기에 둘 사이의 관계는 반
비례한다.

맥루언이 보기에 라디오는 인간 중추신경의 확장이며, 대표적인
핫 미디어이다. 그에 따르면, 라디오는 눈에 보이지 않는 망토를
걸치고서 일대일의 친근하고 직접적인 형태로 다가오지만, 실제로
는 마술적 힘을 지닌 '잠재의식의 공명실'이다. 아울러 라디오의 친
근함과 직접적 측면은 개인적인 경험을 강화하며 잠재의식의 심층
에 작용한다. 이러한 라디오의 성격은 부족의 뿔피리나 고대의 북
의 울림과 본질적으로 마찬가지다. 이는 인간의 마음과 사회를 감
동의 소용돌이 속으로 밀어 넣은 힘을 갖는다. 부족의 북과 같이
작용해 인류를 다시금 부족화하는 것이 라디오의 힘이며, 라디오
의 본질적 특성이라는 것이다. 이러한 라디오의 힘을 정치적으로
가장 잘 이용한 대표적인 인물은 미국의 프랭클린 루스벨트 대통
령과 나치 독일의 절대 권력자 아돌프 히틀러였다.

한국의 시에 나타난 라디오의 사회문화적 의미

1966년 김수영 시인이 노래한 「금성라디오」에서 2022년 이응인 시인의 「밤비」에 이르기까지 한국에서 발간된 라디오를 주제로 대표적인 시들의 원문과 시들이 제시하는 사회문화적 의미를 하나하나 살펴본다.

김수영

1921~1968, 1959년 개인시집『달나라의 장난』, 1974년 시선집『거대한 뿌리』, 1975년 산문선집『시여, 침을 뱉어라』, 1981년『김수영 전집』시·산문 등 간행. 한국의 대표적 저항시인

金星금성라디오

金星금성라디오 A 504를 맑게 개인 가을날

일수로 사들여온 것처럼

五오백원인가를 깍아서 일수로 사들여온 것처럼

그만큼 손쉽게

내 몸과 내 노래는 타락했다

헌 기계는 가게로 가게에 있던 기계는

옆에 새로 난 쌀가게로 타락해가고

어제는 카시미롱이 들은 새 이불이

어젯밤에는 새 책이

오늘 오후에는 새 라디오가 승격해 들어왔다

아내는 이런 어려운 일들을 어렵지 않게 해치운다

결단은 이제 여자의 것이다

나를 죽이는 여자의 유희다

아이놈은 라디오를 보더니

왜 새 수련장은 안 사왔느냐고 대들지만

1966. 9. 15.

- 『김수영 전집 1 詩』 민음사, 2000 수록

라디오界계

6이 KBS 제二²방송

7이 동 제一일방송

그 사이에 시시한 周波주파가 있고

8의 조금전에 동아방송이 있고

8 점 5가 KY인가보다

그리고 10 점 5는 몸서리치이는 그것

이 몇개의 빤떼온의 기둥 사이에

딩굴고 있는 廢墟^{폐허}의 돌조각들보다도

더 값없게 발길에 차이는 隣國^{인국}의 음성

---물론 낭랑한 일본말들이다

이것은 요즘은 안 듣는다

시시한 라디오소리라 더 시시한 것이

여기서는 판을 치니까 그렇게 됐는지 모른다

더 시시한 우리네 방송으로 만족하는 것이다

지금같이 HIFI 가 나오지 않았을 때

비참한 일들이 라디오소리보다도 더 發狂^{발광}을 쳤을 때

그때는 인국방송이 들리지 않아서

그들의 달콤한 억양이 금덩어리같았다

그 금덩어리같던 소리를 지금은 안 듣는다

참 이상하다

이 이상한 일을 놓고 나는 저녁상을

물리고 나서 한참이나 생각해본다

지금은 너무나 또렷한 立體音^{입체음}을 통해서

들어오는 以北^{이북}방송이 不穩^{불온}방송이

아니 되는 날이 오면

그때는 지금 일본말 방송을 안 듣듯이

나도 모르는 사이에 아무 미련도 없이

회한도 없이 안 듣게 되는 날이 올 것이다……

그러나 이렇게 써도 내가 反共産主義者^{반공산주의자}가

아니되기 위해서는 그날까지 이 엉성한

粗惡^{조악}한 방송들이 어떻게 돼야 하고

어떻게 될 것이다

먼저 어떻게 돼야 하고 어떻게 될 것이다

이런 극도의 낙천주의를 저녁밥상을

물리고 나서 해본다

---아아 배가 부르다

배가 부른 탓이다

作後感^{작후감}---〈죽음〉으로 매듭을 지으면서^{1967. 12. 5}

- 『김수영 전집 1 詩』 민음사, 2000 수록

LG의 전신인 금성사는 1951년 최초의 한국산 라디오 A-501을 생산했다. A-504는 그 후속 제품이다. 5·16 군사쿠데타로 정권을 잡은 박정희 정부는 처음에는 라디오를 탐탁하게 생각하지 않았다. '사치품 단속' 목록에 들어갈 정도였다. 그러다 정부 정책과 홍

그림 42 금성 라디오 A-504 *고동석 개인 소장

보 수단으로 라디오를 새로 보기 시작했고, '농촌 라디오 보내기', '1가정 1라디오', '전자제품 국산화' 정책에 힘입어 급속도로 라디오가 대중화되기 시작했다.

그런데 일반 대중은 라디오를 달리 받아들였다. 당시는 신문과 잡지를 빼면 별다른 오락 도구가 없던 시절이라, 서민들은 라디오를 통해 당대 명가수의 노래와 라디오 드라마를 듣고, 울고 웃으며 전후 상실감과 시대적 불안감을 달랬다. 그래서 1959년 신문광고에 나왔다는 "명랑한 가정마다 금성 라디오"라는 헤드카피는 역설적인 표현으로 이해하는 것이 옳다. '명랑하지 않은 시대에 명랑한 시대를 꿈꾸며' 김수영 시인은 "손쉽게 내 몸과 내 노래는 타락했다"라고 괴로워했다.

맑게 개인 날 김수영 시인의 아내 김현경 여사는 당시 가장 최신
식인 금성 라디오 A-504를 사 온다. 활달하며 이재에 밝은 부인 김
현경 여사는 이불, 책, 라디오 등을 모두 새 것으로 갈아치운다. 현
대 문명의 한 상징인 라디오를 사 오면 기분이 좋아야 당연한데 김
수영 시인은 그렇지 않다. 오히려 새 물건을 좋아하면 할수록 "그
만큼 내 몸과 내 노래는 타락했다"라고 노래한다. 흐린 날이 아니
라 청명한 날이다. 물질문명이 최고로 발달한 자본주의는 청명한
하늘을 보여 준다. 자본주의 광고는 늘 유토피아적인 환상을 보여
준다.

김수영 시인은 라디오 방송 대본에서도 너무도 쉽게 물질문명에
빠져든 작가들의 모습을 기록했다. 김수영의 시인의 산문 「금성라
디오」에는 소설 쓰는 P여사의 질문이 등장한다. "라디오 드라마를
써야 좋으냐, 어떻게 해야 좋으냐." P여사는 김수영 시인의 작고한
친구인 소설가 김이석의 부인 박순녀로 알려져 있다. 작가가 라디
오 드라마를 쓰는 것이 외도이니 차라리 고리대금업을 하는 편이
좋지 싶지만, 고리대금업도 마음이 편치 않은 상황이다.

고리대금업을 하는 소설가가 라디오 드라마를 써야 좋으냐는 질
문을 한다. 순수한 문학의 길을 지키기 위해 라디오 드라마를 쓰지
않으려고 고리대금업을 하는 소설가가 새삼스럽게 라디오 드라마
를 그래도 써야 하느냐는 질문을 한다. 그 질문을 고리대금을 하는

시인에게 한다. 그 질문에 대해서 고리대금을 하는 시인이 대답을 하려고 한다. 이미 대답이 나와 있는 대답을 하려고 한다. 이보다 더 큰 난센스도 드물 거라고 생각되는 이런 난센스를 우리들은 예사로 하고 있다. 「금성라디오」 「김수영 전집 2 散文」 민음사, 2001

그림 43 『김수영 전집 I 詩』, 민음사
*라디오스타박물관 소장

김수영 시인 자신도 아내와 함께 고리대금업을 하고 있는 상황이었다. 고리대금업을 하는 작가들의 대화를 예로 들면서 "이런 난센스를 우리들은 예사로 하고 있다"라며 김수영 시인은 안타까워한다. 김수영 시인은 이 시 「금성라디오」를 통해 인간이 돈과 물질에 굴종하지 않아야 한다는 생각을 남겨놓았다.

한편 「라디오계」라는 시에서 김수영 시인은 1960년대 남한이나 북한이나 모두 라디오를 프로파간다의 수단으로 이용하던 라디오 공화국 시절의 북한의 참상과 프로파간다 방송, 사상 표현의 자유 등 우리 민족의 현실에 대한 복잡한 심경을 노래하고 있다.

당시 너무나 잘 들리던 북한 방송의 청취 금지가 해제되어 불온 방송이 아니게 되면 이제는 시시해진 일본말 방송을 안 듣게 되는 날이 올지도 모른다. 그러나 김수영 시인이 반공산주의자가 되지 않기 위해서는 이 프로파간다로 가득 찬 조악한 방송 자체가 나아가 북한에서 비참한 일들이 어떻게든 없어져야 하고 어떻게든 없어질 것이라는 극도의 낙천주의를 노래한다, 저녁밥을 배부르게 먹은 포만감에 취해서.

김수영 시인은 '민초에 대한 신뢰와 민초의 힘과 희망'을 노래한 한국 최고의 시인이다. 그의 대표작 중의 하나인 「풀」의 다음 절은 그의 절창 중의 절창이다.

풀이 눕는다
바람보다도 더 빨리 눕는다
바람보다도 더 빨리 울고
바람보다 먼저 일어난다

박노해

시인, 노동운동가, 사진 작가. 1984년 27살에 쓴 첫 시집 『노동의 새벽』은 금서였음에도 100만 부가 발간되었으며 이때부터 '얼굴 없는 시인'으로 불렸다. 남한사회주의노동자동맹 사건으로 무기수로 감옥 독방에 갇혀서도 독서와 집필을 이어갔다. 7년 6개월 만에 석방된 후 민주화운동 유공자로 복권되었으나 국가보상금을 거부했다. 그 후 20여 년간 국경 너머 가난과 분쟁의 땅에서 평화활동을 펼치며 현장의 진실을 기록해 왔다. 『그러니 그대 사라지지 말아라』 이후 12년 만인 2022년 5월 신작 시집『너의 하늘을 보아』가 출간됐다.

석양

저 산 넘어 지는 해가

뿌연 유리창으로 붉은 손을 내밀어

눈부시어라 미싱 바늘

자욱이 어른거려 눈 비비며

생산목표 헤아리며

등줄기에 땀이 괴도록 밟는다

오늘은 밀린 빨래, 쌓인 피로

한자공부도 다 제쳐 놓고

연락만 기다린다는 고향친구를 만나

부모님 소식 고향 소식 들으며

회포를 풀어 보자고 열나게

열나게 밟았는데

---수작 부리지 말고 쓰러지지 않을 지경이면 잔업

　하라고 해---

주임님의 고함소리에 노을이

검붉게 탄다

조장언니 성화에

잔업명단 위에 이름이 박히고

아침부터 아프다던 시다 명지는

일감 따라 허덕이며 눈물이 어려

미싱소리 망치소리 가르며

라디오 스피커에선

---보람된 하루일과를 마치고 그윽한 한 잔의 커피

　와 연인과의 대화 속에 포근한 휴식의 시간,

　노을도 아름답고 산들바람도 싱그러운 저녁입니

　다. 오늘도 연예가 산책에 이어 프로야구 소식

　과 멋진 팝뮤직에 젖어 보세요. 먼저 정수라가

　부릅니다. 아아 우리 대한민국---

이를 갈며,

졸립더라도 꼭 한 장씩 쓰고 자자던

한자공부도 며칠째 흐지부지

생일선물로 받은 소설책도 한달을 넘긴 채

고향에 편지 쓴 지도 오래

무너지고 세우고 무너진 계획이

헤아릴 수 없어 꺼지는 한숨 속에

산다는 게 뭔지, 울분으로

드륵 드르륵 득득

밟아 댄다

석양은

마지막 검붉은 빛을 토하며

순이의 슬픔도 명지의 눈물도

정자의 울분도 어둠 속으로

무겁게 거두어 간다

그래, 어둠에서 어둠으로

끝없는 노동 속에 절망하고

쓰러지더라도 다시 일어서

슬픈 눈물로 기름부어 타오르며

우리들 손에 손 맞잡고

사랑과 희망을 버리지 말자

우리 품에 안아야 할

포근한 석양빛의 휴식과 평화

우리들의 권리를 찾을 때까지

슬픔과 절망의 어둠 속에서

마주잡은 손들을

놓치지 말자

- 박노해, 『노동의 새벽』 풀빛, 1984 수록

그림 44 박노해 시집 『노동의
    새벽』 풀빛 *라디오스
    타박물관 소장

1960년대 이후 경제개발 정책의 추진 결과, 한국 경제는 크게 성장했으며 자본주의적 임노동 관계가 한국 사회의 지배적인 구조로 정착되었다. 외자에 의존한 수출 주도형 공업화 정책을 추진해 온 한국 경제의 국제경쟁력의 원천은 '양질의 저임금 노동력'이었다.

특히 박정희 정부에 의한 1960년대 경제 개발계획이 실시되는 초기에 한국의 수출품은 주로 여성 노동에 의존하는 봉제, 가발 등 경공업 제품들이었다. 이들 경공업 제품 생산은 큰 투자설비가 없이도 간결하고 단조로운 생산 수단을 이용하여 여성들의 수공적 재능과 섬세한 주의력 위주의 노동력에 의존했다. 한국 농촌의 수많은 여성 인력이 도시의 봉제공장이나 가발공장 등에 고용되어 본인의 생계 외에도 가족의 생활비, 남자 형제들의 학비를 대는 고된 삶을 영위했다.

저임금 구조가 정착되어 있다는 것은 현실적으로 노동자와 그의 가족이 소비를 극도로 억제하지 않으면 안 된다는 것을 의미하며, 노동자들이 잔업과 연장 근무, 휴일 근무를 통하여, 그리고 배우자와 가족들의 취업을 통하여 가계를 보충하지 않으면 안 되는 상황을 강요하고 있다.

또한 기계의 사용이 증가하면서 자본의 입장에서는 기계의 가동

그림 45 <아! 대한민국>이 수록된 정수라 LP *라디오스타박물관 소장

률을 높여야만 이윤을 증가시킬 수 있기 때문에 심야 작업 나아가 24시간 계속노동이 광범위하게 이루어지게 되는데, 이와 함께 문제가 되는 것은 시간당 노동량의 증가 즉 노동 강도의 강화이다. 장시간 노동과 높은 노동 강도의 지속으로 생기는 피로의 축적과 건강의 파괴는 노동력의 마모를 가속화시킬 뿐 아니라 기업의 안전시설 미비 및 열악한 노동조건과 결합하여 각종의 재해와 직업병을 유발하는 원인이 되기 때문에 노동자와 그 가족들의 생존을 위협하고 있다.

　노동자 시인 박노해에게 라디오는 그리운 추억과 감성적 대상이 아니다. 라디오에서는 "보람된 일과를 마치고 그윽한 한 잔의 커피와 연인과의 대화 속에 포근한 휴식의 시간, 노을도 아름답고 산들바람도 싱그러운 저녁입니다. 오늘도 연예가 산책에 이어 프로야구 소식과 멋진 팝뮤직에 젖어 보세요. 먼저 정수라가 부릅니다. 아아 우리 대한민국" 하고 유행가가 흘러나온다.

그러나 밀린 빨래, 쌓인 피로, 한자 공부 등 모든 것을 포기하고 "수작 부리지 말고 쓰러지지 않을 지경이면" 강요되는 잔업을 해야 하는 미싱사들에게 라디오는 노동 집중을 강요하는 자본의 수단에 불과하다.

박해림

1996년 계간 《시와 시학》 등단, 청마문학상 신인상 수상, 아주대, 호서대 강사

금성金星 라디오

한 때는 신품이었을 저 몸
언덕을 오르는 리어카에 실려 있다
숱한 풍문을 실어냈을 스피커는 입을 앙 다문 채다
잔뜩 먼지를 뒤집어 쓴
덕지덕지 마른 때로 남겨진 채 아스팔트길을
흔들리며 간다

새벽이면 언제나

가장 먼저 눈을 뜨시던 아버지

그 손에 악기처럼 들려서 켜지던

국산 금성라디오

새벽종이 울렸네 새 아침이 밝았네......

어린 우리들의 잠을 깨웠었다

옥양목 앞치마 머리수건 두런 어머니는

좁은 부엌에서 김을 피워 올리고

달그락 달그락 바흐의 음조를 부딪치는 사기그릇들

골목에 울려 퍼지는 김 파는 노인의 목소리

올망졸망 이마를 맞댄 아침 밥상에

젊고 싱싱한 시간들을 끊임없이 쏟아냈었다

굴러덩 구르는 바퀴살 위에

길게 햇살이 꽂히고

아무리 문질러도 지워지지 않은 마른 때

오랜 햇살 속에서도 결코 바래지 않았던 날들

아버지 가장 먼저 이 세상을 떠났지만.

아버지는 지금 내 안에 살아서

고물 라디오 뒤뚱거리는 모습으로

여전히 그때의 아침을 만들고 계신다

- 박해림, 「고요, 혹은 떨림」 고요아침, 2004 수록

박해림 시인은 아버지를 추억하는 연결고리로 당시 가정마다 소중했던 가족애가 서려 있는 대상으로 금성 라디오를 떠올린다. "새벽종이 울렸네, 새 아침이 밝았네" 하는 새마을 노래 가사에서 박정희 정부가 추진했던 새마을운동과 수출지상주의의 실현을 위해 새벽부터 일했던 당시 서민들의 고된 삶을 노래하면서 동시에 "올망졸망 이마를 맞댄 어머니가 정성스레 준비한 아침 밥상에 젊고 싱싱한 시간들을 끊임없이 쏟아냈"던 라디오 방송이 서민들에게 들려주는 희망의 메시지를 이 시는 압축해서 보여 주고 있다.

김언

부산 출생. 1998년 『시와 사상』을 통해 등단, 『숨쉬는 무덤』, 『거인』, 『소설을 쓰자』, 『모두가 움직인다』, 『누구나 가슴에 문장이 있다 한 문장』, 『너의 알다가도 모를 마음』, 『백지에게』 등의 시집이 있으며, 2009년 미당문학상을, 2012년 박인환 문학상을 수상.

라디오

1945년 8월 15일까지 우리는 천황의 목소리를 들을 수 없었다. 히틀러는 처음부터 확성기와 라디오를 통해서 나타났다.

그 전에는 체조와 악대 소리밖에 들을 수 없었다. 라디오를 통해서 전쟁은 늘 이기고 있었고 내 말은 영원히 끝나지 않을 것처럼 떨린다. 처음에는 소음인 줄 알았다.

그 음악은 곳곳에서 들린다. 우리 모두가 엎드려 울던 날 주인공은 낮고 조용하고 침울했다. 1945년 8월 15일까지 내 말을 알아듣는 사람은 스무 명도 되지 않는다. 히틀러는 마지막까지 자신을 공개하지 않았다. 어디를 가든 천황의 목소리를 들을 수 있었다.

이상하게도 냄새가 없는 하루였다.

- 김언, 『소설을 쓰자』 민음사, 2009 수록

이 시는 김언 시인이 1945년 8월 15일 히로히토 일본 천황의 제2차 세계대전 패전 선언^{이른바 '옥음 玉音 방송'} 이전에 천황의 목소리가 라디오 방송 전파를 탄 적이 한 번도 없었다는 사실을 염두에 두고 쓴 것으로 보인다.

독일에서 히틀러는 라디오를 확성기로 파악해 교활하게 능동적으로 이용했던 것과는 달리 일본에서는 '천황의 목소리'를 방송의 소리 세계에서 공백으로 남겨두는 교묘한 전략을 사용했다.

천황이 참석하는 일본의 식전式典에서 천황의 칙어가 있을 때는 직전에 체신국장이 스위치를 꺼 천황의 목소리는 아무 소리도 없는 공백으로 표현했다. 그러나 1945년 8월 15일 천황의 옥음 방송에서는 사람들이 천황의 이야기 내용을 이해한 것은 아니었지만, "지지직 하는 잡음 속에서 천황의 목소리가 끊어졌다가 다시 이어지는 식으로 간간이 들려왔다. 무슨 말을 했는지 알 수 없는" 경험이었다. 그런데도 8월 15일의 이 방송이 일본인의 귀에 큰 충격을 주었고 이른바 '전전戰前과 전후戰後의 경계'가 형성된 것으로 평가된다. 이는 천황의 발언 내용이 아니라 전파를 탄 천황의 목소리 자체에서 받은 충격 때문이었다. 이 옥음 방송은 '항복의 의례'였다.

전쟁 말기까지 '천황의 목소리'는 전략적으로 방송의 소리 세계에서 공백으로 남아 있었고, 그 공백으로 둘러싸인 구전口傳의 세계에 있었기 때문에 거꾸로 '천황의 목소리'는 이때 전자 미디어 시대에 적합한 신체의 정치학을 발휘하게 되었다. '천황의 목소리'는 최후의 수단으로 일본 지배 엘리트의 절박한 위기에 처한 민족적 통합 감정을 유지하는 결정적 역할을 했다.

이것은 물론 히틀러의 나치즘 체제와 마찬가지로 군국주의 일본에서도 라디오를 국가적인 소리의 확성기로 파악하는 관점이 전쟁

시기 일본의 라디오 정책에서도 활발하게 받아들여졌기 때문에 가능한 일이었다. 일본에서도 천황이라는 최종적인 심급을 향해 사람들의 귀를 끊임없이 구심화求心化해 가는 국가적인 소리의 유통 시스템이 완성되어 있었다.

유하

1988년 문예중앙으로 등단, 『세운상가 키드의 사랑』으로 김수영 문학상 수상, 1992년 자신의 시집과 같은 제목의 영화『바람부는 날이면 압구정동에 가야한다』를 연출해 영화계 데뷔, 현 동국대 영화영상제작학과 교수

진추하, 라디오의 나날

둥글게 커트한 뒷머리, 능금빛 얼굴의

여학생에게 편지를 썼다, 밤을 잊은 그대에게

신청곡은 졸업의 눈물, 사랑의 스잔나 진추하가

홍콩의 밤 열기를 담은 목청으로 내 마음을 전했다

그 여학생은 내게 능금빛 미소만을 쥐어주고

달아났다, 금성 트랜지스터 라디오 속으로 들어가

그녀를 기다리며 서성이던 날들, 폴 모리아

질리오라 친케티, 사이몬 & 가펑클, 모리스 앨버트

그리고 한 순간 수줍게 라디오를 스쳐가던 그녀

그와 함께 진추하를 듣고 싶어요, 그 작은

라디오의 나라 가득히 드넓은 한여름 밤과

무수한 잔별들이 두근두근 흘러들어오고 난

그녀의 흩날리는 단발머리를 따라 새벽녘의 샛별까지……

그렇게, 열다섯 살의 떨림 속에 살던 나와 그녀는

영영 사라져 버렸다, 트랜지스터 라디오에

건전지처럼 업혀 있던 그 풋사랑의 70년대도,

퇴락한 진추하의 노래를 따라

붉은 노을의 어디쯤을 걸어가고 있으리

- 유하, 『세운상가 키드의 사랑』 문학과지성사, 1995 수록

1970년대 라디오는 청소년들이 대중음악^{팝송}을 통해 바깥세상과 소통할 수 있는 꿈의 음악 매체였다.

라디오 방송 중 청소년들에게 최고로 인기를 끈 프로그램은 주한미군방송^{AFKN}과 문화방송^{MBC}, 동아방송^{DBS}, 동양방송^{TBC} 등 민방에서 방송하는 유행가와 팝송 프로그램이었다. 특히 유명 디스크자키^{DJ}들이 음반으로 팝송을 틀어 주는, 예컨대 위의 유하 시인의 「진추하, 라디오의 나날」 시에 나오는 TBC의 〈밤을 잊은 그대에게〉 같은 심야 음악방송이 각 방송국마다 경쟁적으로 운영되었다.

DJ는 단지 음반을 통해 음악을 틀어 주는 수동적 존재를 넘어 한

프로그램의 음악적 개성을 정의하는 존재가 되었다. DJ는 청취자의 사연을 소개하면서 '신청곡'을 방송하고, '최신 히트곡'이나 '흘러간 명곡'을 소개하면서 노래에 얽힌 전문가의 해설을 덧붙이고, '게스트'를 초대하여 그와 대화를 나누었다.

나아가 라디오는 한동안 음악 전문 매체임과 동시에 청소년들이 자신의 진로, 친구 관계, 연애 문제 등 갖가지 고민을 상담하는 프로그램으로 부동의 지위를 누렸다. 한 예로 MBC 라디오 장수 프로그램인 〈별이 빛나는 밤에〉의 DJ를 오랫동안 맡았던 가수 이문세는 '밤의 교육부 장관'이라는 별칭으로 불릴 정도로 청소년층에 막강한 영향력을 미쳤다.

장정일

경북 달성 출생. 1984년 무크지 『언어세계』에 「강정 간다」로 시작詩作 시작, 포스트모더니즘적인 작품 경향을 나타내며 여러 파격적인 작품들을 발표. 시집으로는 『햄버거에 대한 명상』1987, 『길안에서의 택시 잡기』1988 등이 있으며, 소설집으로는 『아담이 눈뜰 때』1990, 『너에게 나를 보낸다』, 『너희가 재즈를 믿느냐?』, 『내게 거짓말을 해봐』 등이 있다.

라디오와 같이 사랑을 끄고 켤 수 있다면

--- 김춘수의 「꽃」을 변주하여

내가 단추를 눌러 주기 전에는

그는 다만

하나의 라디오에 지나지 않았다

내가 그의 단추를 눌러 주었을 때

그는 나에게로 와서

전파가 되었다

내가 그의 단추를 눌러준 것처럼

누가 와서 나의

굳어 버린 핏줄기와 황량한 가슴속 버튼을 눌러다오

그에게로 가서 나도

그의 전파가 되고 싶다

우리들은 모두

사랑이 되고 싶다

끄고 싶을 때 끄고 켜고 싶을 때 켤 수 있는

라디오가 되고 싶다

- 장정일, 『길 안에서의 택시 잡기』, 민음사, 1988 수록

장정일 시인은 김춘수의 시 「꽃」을 패러디하여 '사랑'을 라디오를 끄고 켜는 행위에 비유하여 가볍게 만나고 쉽게 헤어지는 현대인의 사랑을 풍자하고 있다.

이 시에서 화자는 "우리들은 모두 사랑이 되고 싶다"라고 노래하며 서로의 단추를 눌러 주면 서로가 서로에게 전파가 되고, 이러한 전파에 의해 우리들은 모두 사랑이 되기를 소원한다. 그런데 화자는 "끄고 싶을 때 끄고 켜고 싶을 때 켤 수 있는/ 라디오가 되고 싶다"라고 한다. 이것은 의도된 뒤틀림이요, 시상의 반전이다. 끄고 싶을 때 끄고, 켜고 싶을 켤 수 있는 것이라면, 일회적이고 편의적인 사랑이다.

화자가 이 시에서 말하고자 하는 것은 사랑의 진정한 의미를 잃어버리고 그저 편하게 받아들이고 일회적으로 소비할 수 있는 것으로 생각하는 현대 사회의 인스턴트 사랑에 대한 풍자요, 비판인 것이다.

이 시는 김춘수 시인의 「꽃」을 패러디했으면서도, 단순한 패러디에 그치지 않고 작가 특유의 독특한 관점을 시에 대입시킴으로서 새로운 작품으로 재창조되었다. 「꽃」에서는 '존재론적 탐구'라는 주제 의식이 이 시에서는 '가벼운 사랑의 풍조에 대한 비판'으로 바

꿘 것이다.

김형술

경남 진해 출생. 1992년『현대문학』으로 등단, 『의자와 이야기하는 남자』,『의자, 벌레, 달』,『나비의 침대』,『물고기가 온다』,『무기와 악기』등의 시집과 산문집『향수 혹은 毒』,『詩네마 천국』,『그림, 한참을 들여다보다』등이 있다.

라디오나 켤까요

라디오를 켤까요 차창 너머
빠르게 지나가는 별들 무심하고
황급히 어둠 속으로 숨는 나무들
하나도 불러 세울 수 없으니

라디오나 켤까요 지상 어느 집으로든
가 닿아 있을 이 길의 끝까지
꽃을 뿌리듯, 못을 뿌리듯
미친 말들을 흘려놓을까요
내 것도, 그 누구의 것도 아닌
또 내 것이며 모든 이의 것인

속삭이는 비수들

나, 섣불리 말을 가져

너무 많은 노래를 부르기도 했지만

어느 집도 환해지지 않았고

어느 상처에서도 꽃 피지 않아

귀를 닫고 혀를 베어버린 채

말들의 집인 세상을 떠나는

바람을 좇아 떠도는 길

딱딱한 확신으로

키가 자란 말의 얼굴 들여다보며

내 안에서 낯설게 거닐고 있는

말 저편의 말들과 만나고 또 헤어지며

겹겹 어둠 위에 바람이 새기는

침묵의 문장을 해독하려 하는데

슬픔을 끌까요 헛된 꿈을 지울까요

차를 세워 길을 멈추고

서서히 천상의 말 다스리고 있는

별들이나 모두 불러 내릴까요

그저 라디오나 끌까요

- 1998년 『현대문학』 9월호 발표

붉은 라디오

거울 앞에 서서 혀를 닦는다

허옇게 더께가 앉은 말들

닦을수록 선명히 붉은 살을 드러내는

시간들 애써 외면하며

완강한 확신에 차 있었으므로

추호의 의심도 없었던 한때를 흘끔거리다

누군가 채널을 스치기만 해도

서슴없이 춤추던 날렵한 혀를 낯설게,

물끄러미 건너다 본다

꽃을 꿈꾸던 말과

피를 탐하는 비수의 말

한순간의 머뭇거림도 없이

세상을 질주하던 노래들 부끄러워

아아어어 혼잣말로 몸을 비틀며

제게서 쏟아져 발끝에 나뒹구는

무수한 소음에 갇혀서도

여전히 붉은 제 혀를 바라보고서야

숨어있는 말들

숨어있는 한소절의 침묵을 이해하며

비로소 제 이름 떠듬떠듬 불러보는

늙은 라디오 한 대

온몸이 붉게 물든 채

서둘러 돌아서는

아침, 푸른 거울 속의 라디오 한 대

- 김형술, 『나비의 침대』 천년의 시작, 2002 수록

김형술 시인은 라디오에 관한 위의 두 편의 시에서 인간이 쏟아
내는 언어의 이중성, 언어 너머의 침묵에 관해 노래하고 있다. 위의
시들 속의 라디오는 침묵의 상대어이다. 라디오는 한순간의 침묵
도 허용하지 않는 '말하는 기계'이다. 소통을 위해 인간은 말을 하
지 않고 살아갈 수는 없지만 자신이 하는 말의 의미, 진정성 등에
관해 끝없이 성찰한다.

김형술 시인은 많은 시에서 감성적 허무주의와 비극적인 세계 인

식으로 나락의 끝으로 침잠하는가 하면 화석화된 일상의 건조함과 "라디오나 켤까요" 하고 도발하는 선동가의 모습을 취하기도 한다.

때로 그는 화려한 네온사인과 질주하는 택시, 바쁘게 걸어가는 사람들 사이를 부유하다가 도망치듯 어두운 방에 숨어들지만 거기 역시 라디오, 텔레비전, 비디오 등 근대적 위선적인 문명 기기들의 소음이 시끄럽게 울려 댄다.

근대는 거리와 방 그 어디에서도 일체의 부정적 속성을 거절하고 그에게 고독한 자아와 조용히 대좌할 기회조차 주지 않는다. 그렇다고 해서 그에겐 거대한 근대의 메커니즘에 저항하기를 포기하고 획일화된 체제와 타협할 만한 기질조차 허여된 것도 아니다.

시인 김형술은 위의 「붉은 라디오」에서처럼 "제게서 쏟아져 발끝에 나뒹구는 무수한 소음에 갇혀서도" '말'을 사랑해 버린 원죄를 갖고 태어난 숙명적인 시인이다.

최영미

시인이며 소설가. 첫 시집 『서른, 잔치는 끝났다』창작과비평사, 1994는 섬세하면서 대담한 언어, 지금 이곳에서의 삶을 직시하는 신선한 리얼리즘으로 한국 사회에 커다란 반향을 일으켜 50만 부나 팔린 베스트셀러였다. 1992년 등단 이후 시와 소설, 에세이를 넘나들며 『서른, 잔치는 끝났다』를 필두로 『꿈의 페달을 밟고』창작과비평사, 1998, 『돼지들에게』실천문학사, 2005, 『도착하지 않은 삶』문학동네, 2009,

『이미 뜨거운 것들』실천문학사, 2013, 『다시 오지 않는 것들』이미출판사,2019
년 등 6권의 시집을 펴냈고, 장편소설 『흉터와 무늬』와 『청동정원』
을 출간했다.

라디오 뉴스

무언가 버릴 것이

있다는 건 좋은 일이지

그게 아이든 집이든 서푼 같은 직장이든

어딘가 비빌 데가

있다는 건 좋은 일이지

아프가니스탄의 총소리도 잊을 수 있고

사막의 먼지 위에 내리는 눈* 녹듯 잊을 수 있고

종군위안부의 생생한 묘사, 아나운서의 침착한 목소리

아이 떼놓고 울부짖는 엄마의 넋나간 얼굴도, 창 밖으로

훌훌 털어버릴 수 있지

버스만 내리면, 이거 또 지각인가

손목시계 내려다보며 혀 끌끌 차며

정말 아무렇게나 잊을 수 있지

무언가 버릴 게

---

* 오마르 카이얌(E. 피츠제랄드 영역), 『루바이야트』(세계시인선, 민음사, 1975)에서

있다는 건 무조건 좋은 일이지
특히 오늘같이 세상 시끄러운 날은

- 최영미, 『서른, 잔치는 끝났다』 창작과비평사, 1994 수록

출근하는 버스에서는 "아프카니스탄에서는 전쟁이 진행되고 있고, 지구상의 어느 사막에서는 눈이 내렸고, 일제강점기 종군위안부들의 처절했던 상황, 애들과 헤어지는 어머니들의 울부짖음을 어울리지 않게 침착한 목소리로 방송하는 아나운서의 설명"이 라디오에서 딴 세상 얘기인 것처럼 흘러나오고, 화자는 버스에서 내리자마자 손목시계를 보면서 출근 시간에 늦지나 않을지 걱정한다.

최영미 시인은 이 시에서 직장이라는 버틸 데가 있어서 그래도 다행이라고, 그래도 무언가 사는 의미를 갖게 하는 현실과 나와는 상관없는 딴 세상 얘기를 하는 듯한 라디오 뉴스를 대비시켜 이 땅의 팍팍한 삶을 노래하고 있다.

김제욱

1975년 서울 출생. 2009년 『현대시』에 「라디오 무덤」 외 4편의 시를 발표하면서 등단했으며 2016년 시집 『라디오 무덤』을 발간했다.

라디오 무덤

나는,
주파수가 잘 잡히지 않는
노이즈.
지직거림의 전문가이지.

낡은 지도 한 장
구멍 난 양말 두 켤레
다 떨어진 노트
뒤축 없는 신발을 신고
전설의 라디오 무덤을 찾아
도시를 헤매지.
볼품없는 옷차림 허기진 몸
코일 회로 같은 노이즈를 따라가면
이름 없는 고물상,
라디오 무덤이 나오지.

구리선이 보여?
스피커……
레버……

게르마륨 다이오드.....

배터리가 없어도

끊임없이

노이즈가 새어 나오는 폐라디오.

다 부서져 형체를 알 수 없는 폐라디오.

라디오라 할 수 없는 라디오.

지지직... 지직... 지지직직... 지지직...

주파수를 맞추면

세상을 공평하게 만드는 노이즈가

금속탐지기처럼 끓어오르지.

폐라디오여 입을 열어라. 내 그 속에서

떨리는 노이즈의 진공관을 꺼내겠다. 도시의 끝

사그라져 가는 폐라디오.

납땜하는 거 안 지겨워?

지겨워.

그거 고쳐서 뭘할 건대?

노이즈를 배부르게 먹고

밤의 플랫폼에서 시그널 음악을 듣지.

나는

낡은 지도 한 장

구멍 난 양말 두 켤레

다 떨어진 노트

뒤축 없는 신발을 신고

전설의 라디오 무덤을 찾아

도시를 헤매지.

오늘 내 라디오는

구닥다리 광석 라디오.

노이즈의 왕이지.

부러진 안테나가 보여?

여기도 지도에도 없는

재개발 철거지역.

도시의 내장이 드러난 곳.

나는 그 속에서

죽지 않고 살아남은 라디오를 발견하지.

- 김제욱, 『라디오 무덤』 한국문연, 2017 수록

기능적으로 보면 라디오는 의미를 담고 있지 않은 '노이즈' 속에서 명확한 의도 아래 발신되는 '주파수'를 가려내는 도구이다.

위의 「라디오 무덤」 시에서 김제욱 시인은 이 같은 방식을 통해 의미가 구성되는 현실적 구조에 대한 역전을 시도하여 '주파수'를 거부하고 스스로를 '노이즈'라고 칭하는 라디오의 자기 선언을 노래하고 있다.

또한 이 시에서는 '라디오'가 소통을 가로막는 노이즈로 일종의 장애물이라고 한다면, '무덤'이야말로 그 기능이 완전히 폐기된 장소일 것이다. 그러나 '무덤'이야말로 그 자체에 내재된 부정성을 극대화시킴으로써 현실 속에서는 숨겨져 있던 의미를 드러나게 만든다.

김제욱 시인은 규격화된 현실에 살고 있는 현대인에게 현재의 삶의 방식을 되돌아보도록 우리 사회의 실상을 라디오가 버려지는 폐기장에 비유하여 노래하고 있다.

장석남

1965년 인천 덕적도 출생. 서울예대 문예창작과 졸업, 1987년 경향신문 신춘문예로 등단, 현 한양여자대학 문예창작과 교수

격렬비열도

드뷔시의

기상 개황 시간

나는 툇마루 끝에 앉아서

파고 이 내지 삼 미터에

귀를 씻고 있다

萬頃蒼波^{만경창파}

노을에

말을 삼킨

발자국이 나 있다

술 마시러 갔을까

너 어디 갔니

로케트 건전지 위에 결박 지은

금성 라디오

한번 때려 끄고

허리를 돌려

등뼈를 푼다

가고 싶은

격렬비열도

요즘 라라 크래커는 왜 안 나오지?

그림 46 장석남 시집, 『지금은 간신히 아무도 그립지 않을 무렵』문학과지성사 *라디오스타박물관 소장

- 장석남, 『지금은 간신히 아무도 그립지 않을 무렵』문학과지성사, 1995 수록

'격렬비열도'라는 범상치 않은 이름의 이 섬은 충청남도 태안군에 실제로 존재한다. 장석남 시인의 고향은 서해 덕적도이다. 이

그림 47 로켓 하이슈퍼 건전지, AM 라디오 수신기 *라디오스타박물관 소장

시에서는 해가 저무는 노을 녘에 휘몰아치는 파도와 마주 앉은 시인, 로켓 건전지에 칭칭 동여맨 금성 라디오 하나만이 외로움을 달래 주는 장면이 연상된다. 장석남 시인의 "가고 싶은 격렬비열도"라는 구절이 가슴을 메이게 한다. 1960~70년대 한국의 농어촌에는 로켓 건전지에 묶여 있는 위의 그림과 같은 금성 트랜지스터 라디오가 흔히 눈에 띄었다.

윤제림

1959년 충북 제천 출생. 동국대 국문과 졸업, 1987년 소년중앙문학상에 동시가, 『문예중앙』 신인문학상에 시가 당선되며 등단, 시

집으로 『미미의 집』, 『황천반점』, 『삼천리호 자전거』, 『사랑을 놓
치다』, 『그는 걸어서 온다』, 『새의 얼굴』, 『편지에는 그냥 잘 지낸
다고 쓴다』, 동시집으로 『거북이는 오늘도 지각이다』, 산문집으
로 『젊음은 아이디어 택시다』, 『카피는 거시기다』, 『고물과 보물』
등이 있다. 현 '21세기 전망' 동인

옛사랑은 라디오를 듣는다

잃어버린 사랑을 찾는 법 하나는
노래하며 걷거나
신발을 끌며 느릿느릿
걷는 것이다

저를 모르시겠어요, 눈물을 훔치며
손목을 잡는 버드나무가 있을라
마침 흰 구름까지 곁에 와 서서
뜨거운 낮이 한껏 더 붉어진 소나무가 있을라
풀 섶을 헤치며 나오는 꽃뱀이 있을라

옛사랑은 고개를 넘어오는
버스의 숨 고르는 소리 하나로도

금강운수 강원여객을 가려낸다

봉양역 기적소리만으로도

안동행 강릉행을 안다

이젠 어디서 마주쳐도 모르지

그런 사람 찾고 싶다면

노래를 부르거나, 신발을 끌며 느릿느릿

걸을 일이다

옛사랑은 라디오를 듣는다.

- 윤제림, 『새의 얼굴』 문학동네, 2013 수록

충북 제천 출신 윤제림 시인은 옛사랑은 "고개를 넘어오는/ 버스의 숨 고르는 소리 하나로도/ 금강운수 강원여객을 가려낸다/ 봉양역 기적소리만으로도/ 안동행 강릉행을 안다"라고 노래하면서 같이 옛사랑과 공유했던 너무나 친숙한 추억을 회상한다.

오래전 옛사랑과 함께 듣던 노래가 라디오에서 흘러나오면 혹시 어딘가에서 나와 같이 라디오를 듣고 있지 않을까? 지금 이 노래를 들으며 나를 떠올리고 있지는 않을까? 문득 찾아온 아련한 감정에 잠시 상념에 잠긴다.

그러나 이제는 "어디서 마주쳐도 모르지/ 그런 사람^{옛사랑} 찾고 싶다면/ 노래를 부르거나, 신발을 끌며 느릿느릿 걸을 일이다/ 찾고 싶은 옛사랑은 어디서 라디오를 듣는다"라고 체념한다.

라디오는 무의식중에 옛사랑을 찾는 함께 했던 추억의 매개체이다. 옛사랑은 라디오를 듣는다, 아니 틀어 놓는다. 어떤 프로그램을 듣기 위한 채널이 아니고 그것은 그냥 산책만큼이나 추억이 담긴 고정된 습관이다.

어디서 라디오를 듣고 있을지도 모르는 옛사랑을 그리워하는 읽기 편안한 시다. 충북 제천을 아는 이라면 더욱 가슴 깊이 다가오는 참 좋은 서정시다.

이응인

경남 거창 출생. 1987년 무크지 《전망》 5집에 시 "그대에게 편지" 외 7편을 발표하며 등단, 시집 『투명한 얼음장』[1993], 『따뜻한 곡』[1998], 『천천히 오는 기다림』[2001], 『어린 꽃다지를 위하여』[2006], 『솔직히 나는 흔들리고 있다』[2015] 등이 있다.

밤비

귀만 켜 놓으면, 참 말 들리는 음악

- 이응인, 『은행잎 편지와 밤비 라디오』 단비, 2022 수록

일본의 하이쿠俳句처럼 단 한 줄로 쓴 짧은 시다.

라디오를 켜 놓으면 들리는, 귀만 기울이면 들리는 참으로 듣고 싶은 음악 소리, 낭송하는 시어詩語. 말처럼 들리는 "밤비"를 노래하는 친근하게 다가오는 편안한 서정시이다.

기혁

1979년 경남 진주 출생. 2010년『시인세계』신인상 수상으로 등단했으며 2013년 세계일보신춘문예 평론부문을 통해 문학평론가로도 등단. 시집으로『모스크바예술극장의 기립박수』민음사, 2014,『소피아 로렌의 시간』문학과지성사, 2018,『다음 창문에 가장 알맞은 말을 고르시오』리메로북스, 2022 등이 있으며,『모스크바예술극장의 기립박수』로 제33회 김수영문학상을 수상.

라디오 데이즈

벽 하나를 사이에 두고 제법 큰 떨림이 온다

깊은 밤 틀어놓은 전인권의 라이브처럼
볼프강 아마데우스 모차르트의 긴 협주곡처럼

나의 연인은 김광석을 좋아하지 않았지만

서로 등을 맞대고 벽 너머 얼굴을 떠올려보는 이 한참,
우리에게 불면을 덮어주던 떨림을
운명이라고 부른 적이 있다

몇 통씩 항의 전화를 받는 날이면, 근황보다 먼 곳을
물었다
무심코 긁적인 자리마다 진물이 흘러내리기도 했다
하드보일드한 나의 심장도
두터운 콘크리트를 뚫고 나온 무단 송출 채널

천장에서 어둠을 갉아대는 소리
한낮의 적의敵意가 뭉쳐지는 소리가 들릴 때
박히지 않는 못의 대가리를 후려치다 끝끝내
제 속을 짓이기고 마는 운명

피 묻은 안테나를 세우면 온몸으로 날리던 엄살이 지
글거린다

에덴의 시험 방송 어디쯤
귀신을 닮은 손금에도 스테레오가 잡힌다

-기혁, 『소피아 로렌의 시간』 문학과 지성사, 2018 수록

　　가까이 벽 하나를 등지고 떨어져 있지만 라디오에서 흘러나오는 전인권, 모차르트, 김광석의 음악으로 똑같이 불면의 밤을 보내며 서로를 운명이라 생각했던 연인들이 이제는 서로에게 상처로 남은 먼 젊은 날의 일들이 못내 아쉬운 후회로 괴롭다고 기혁 시인은 노래한다. 그러나 여전히 귀신이 조화를 부린 듯이 같은 채널의 스테레오 라디오를 듣는 날들은 계속된다.

　　라디오 음악을 매개로 한 젊은 날의 사랑 얘기를 비장하게 노래한 시이다.

김승강

1959년 마산 출생. 2003년 『문학·판』을 통해 등단, 시집으로 『흑백다방』, 『기타 치는 노인처럼』, 『어깨 위의 슬픔』, 『봄날의 라디오』 등이 있다.

봄날의 라디오

술만 남았다
친구는 멀리 갔다
여자는 멀리 보냈다

라디오 볼륨을 올려 걷고 있는 나를 욕하지 마라

꽃이 핀다 한들 나의 꽃이 아니다
꽃이 진다 한들 내 알 바 아니다

걷기 좋은 날이다

노래만 남았다
중국산 라디오는 가성비가 좋다

천천히 걷겠다
급할 것 없다
다 가도 술은 가지 않았다
다 나를 버려도 노래는 나를 버리지 않았다

나는 노래에 갇히고 말았다
나의 세계는 내가 아는 노래의 세계를 벗어나지 못했다
노래가 나를 데리고 걷는다

욕해도 할 수 없다
내 방식으로 봄날을 즐길 뿐이다

술과 노래만 남았다

술과 노래만으로도 충분하다

-김승강, 『봄날의 라디오』, 황금알, 2017 수록

「봄날의 라디오」, 이 시를 읽으면 쓸쓸하
고 슬픈 느낌이 마음을 천천히 적셔 온다.
그렇다고 우울하고 어두운 분위기는 아니
다. 친구는 멀리 떠나가고 아내와는 일찍 사
별했다. 그러나 크게 볼륨을 올린 라디오에
서는 노래가 흘러나오고, 술은 무궁무진 남
아 있고, 천천히 즐기며 걷는 봄날이 있다.

그림48 김승강 시집, 『봄
날의 라디오』, 황
금알 ＊라디오스타박
물관 소장

　우리 삶은 늘 조금은 쓸쓸하고 슬프다. 마
냥 기쁘고 즐거운 날은 그리 많지 않다. 사람들은 묵묵히 그 일상
을 견디며 살아가고 있다. 김승강 시인의 시에서는 그 일상이 보인
다. 시의 정서가 아무런 설명도 필요 없이 아무런 방해도 받지 않
고 그대로 마음에 와닿는 좋은 시이다.

조성례

계간 『문학의 봄』 2008년 5월호 「금성 라디오」가 이달의 시 장원.
2015년 계간 『애지』로 등단, 시집 『가을을 수선하다』, 『까치발을
세우는 것들에 대해 말한다』 등이 있으며, 17회 충북 여성문학상
을 수상

금성 라디오

언제부턴가 내 몸 속에서
지지지
잡음이 새어 나온다.
거울 앞에서 이리저리 둘러봐도,
방향이 잡히지 않고
쉭쉭 목쉰 소리가 흘러 나온다

졸업선물로 사주신 라디오,
아버지가 그리우면
주파수를 돌려 본다

목쉰 목소리 속에는
병약한 딸의 가녀린 목덜미를 어루만지며 떨리는 목소리
가릉 가릉 가래 끓는 소리도 들려온다
건전지를 바꿔도
아버지의 힘찬 목소리는 숨어버린다

나는
라디오를 들고 동네 전파사를 찾는다

천상의 아버지에게 다리 놓으러 간다

- 조성례, 계간지 『문학의 봄』 2008년 5월호 수록

　조성례 시인은 잡음이 나오는 '고장 난 라디오'를 통해 돌아가신 아버지를 떠올리며 그리워한다. 나이 들어 가룽가룽 가래 끓는 소리를 내던 아버지를 시인은 하늘을 보면서 찾는다. 우렁찬 목소리의 천상의 아버지를 그리워하면서 고장 난 라디오를 고치러 동네 전파사로 간다. 흔히 보던 한국의 1960~70년대 도시 골목길의 모습이다.

　장선아

　2005년 『한국문인』지로 등단, 시집으로 『바람은 자유를 찾아』, 『라디오 포옹』 등이 있다.

라디오 포옹

라디오는 포옹이다
내 이야기 언제든 안아주고
다른 이야기 언제든
귀가 되어주는

디지털화 존재가 부각되어도

고향을 찾아 흙냄새를 맡듯

그 아날로그의 감성을

어루만져주는 너

그립다

뭔가를 생성하지 않아도

너 몸짓 하나로

아름다운 빗 속

하늘과 나의 포옹

- 장선아, 『라디오 포옹』 문학시티, 2015 수록

장선아 시인은 이 시에서 "빗 속에서 하늘과 내가 하나 되는 듯한 느낌으로, 고향 흙냄새 같은 감성으로 나를 안아주는" 라디오에 대한 서정을 노래한다.

시골 초가집 툇마루에 앉아 빗줄기에 이는 흙냄새를 맡는 듯한 아련한 추억 속의 장면을 그려 보게 하는 좋은 시이다.

× 그림 목록

순번	명칭	이미지	출처	비고
1	광석 라디오		라디오스타박물관 소장	
2	아젤라 광석 라디오		라디오스타박물관 소장	
3	RCA 진공관 라디오 (세탁기형 라디오)		라디오스타박물관 소장	
4	GE 250 진공관 라디오		https//www.portabletubes.co.uk/portables/gem250.htm	
5	금성 A-501 라디오		국립민속박물관	
6	웨스팅하우스 라디오		라디오스타박물관 소장	
7	제너럴 일렉트릭 라디오(성당형 라디오)		라디오스타박물관 소장	

순번	명칭	이미지	출처	비고
8	리젠시 TR-1 라디오		김형호 개인 소장	
9	소니(SONY) 트랜지스터 TR-63		https://www.radiomuseum.org/r/sony_tr63_tr_63_tr_63.html	
10	금성 T-601 라디오		근대통신역사관 https://blog.naver.com/mcm2korea/222398410256	
11	세계 최초 IC 라디오 소니 ICR-100		Museum of Modern Art 소장	
12	EL3302 카세트테이프 녹음기		https://vintage-technics.ru/Eng-Philips_EL_3302.htm	
13	소니 워크맨 TPS-L2		https://namu.wiki/w/워크맨(음향기기	
14	모토롤라 5T71		https://www.motorolasolutions.com	

순번	명칭	이미지	출처	비고
15	IBM 5100		https://en.wikipedia.org/wiki/IBM_5100	
16	그리드 콤파스 모델 1101		https://www.esi.uclm.es/museo/	
17	노키아 9000 커뮤니케이터		https://ar.inspiredpencil.com/pictures-2023/nokia-9000-communicator	
18	MP3 플레이어 엠피맨 F10		https://www.bing.com/images/search?q/F10	
19	루스벨트 대통령의 노변정담		https://en.wikipedia.org/wiki/Fireside_chats	
20	독일 국민 라디오 VE301		김형호 개인 소장	
21	DEUTSCHER KLEINEMPFANGER 라디오		라디오스타박물관 소장	

순번	명칭	이미지	출처	비고
22	금성라디오 T-604		https://blog.naver.com/ke2051/222952054441	
23	대한뉴스 영상 사진 농어촌 라디오 보내기 운동		KTV 아카이브	
24	새마을 라디오 앰프 스피커		라디오스타박물관 소장	
25	금성 T-605 라디오		라디오스타박물관 소장	
26	금성 T-703 라디오		라디오스타박물관 소장	
27	금성 BM-806 라디오		라디오스타박물관 소장	
28	금성RM-813 라디오		라디오스타박물관 소장	

순번	명칭	이미지	출처	비고
29	라디오 연속극 대본 '산아제한'		라디오스타박물관 소장	
30	방송무대각본선집		라디오스타박물관 소장	
31	『한국 라디오 드라마사』		라디오스타박물관 소장	한국성 우협회
32	『우리 방송 100년』		라디오스타박물관 소장	최창봉, 강현두
33	새건전가요25 LP		라디오스타박물관 소장	
34	애국가요 모음 3집 LP		라디오스타박물관 소장	

순번	명칭	이미지	출처	비고
35	이미자 노래는 나의 인생 LP		라디오스타박물관 소장	
36	배호 히트곡 모음 LP		라디오스타박물관 소장	
37	나훈아 골든 디스크 LP		라디오스타박물관 소장	
38	농림부, 무역협회 등 정부 단체 LP		라디오스타박물관 소장	
39	골든 히트 팝송수첩 Vol.1		라디오스타박물관 소장	
40	MBC 한밤의 음악편지 제1편, 제2편		라디오스타박물관 소장	
41	『바구니에 가득찬 행복』		라디오스타박물관 소장	전예원

순번	명칭	이미지	출처	비고
42	금성 라디오 A-504		고동석 개인 소장	
43	『김수영 전집 I 詩』		라디오스타박물관 소장	민음사
44	박노해 시집 『노동의 새벽』		라디오스타박물관 소장	풀빛
45	<아! 대한민국>이 수록된 정수라 LP		라디오스타박물관 소장	
46	장석남 시집, 『지금은 간신히 아무도 그립지 않을 무렵』		라디오스타박물관 소장	문학과 지성사
47	로켓 하이슈퍼 건전지/ AM 라디오 수신기		라디오스타박물관 소장	
48	김승강 시집, 『봄날의 라디오』		라디오스타박물관 소장	황금알

× 도표 목록

순번	명칭	출처	비고
1	방송 수신기 증가율 대조표	공보부 조사국, (공보부, 1963.9) 『전국 라디오 보급현황』	
2	현장으로서의 장소 매개	주창윤, 「1960년 전후 라디오 문화의 형성 과정」, 한국방송학회 엮음, 『한국 방송의 사회문화사』 한울아카데미, 2011	
3	1963년 11월 첫째 주 청취 시간 라디오 편성 비율 (18:00~23:00)	주창윤, 「1960년 전후 라디오 문화의 형성 과정」, 한국방송학회 엮음, 『한국 방송의 사회문화사』 한울아카데미, 2011	
4	1960년대 전후 청취율 상위 10위 프로그램	주창윤, 「1960년 전후 라디오 문화의 형성 과정」, 한국방송학회 엮음, 『한국 방송의 사회문화사』 한울아카데미, 2011	

× 참고 문헌

제1장. 라디오 수신기의 역사

1. 개빈 웨이트먼 지음/강창헌 옮김, 『마르코니의 매직박스』, 양문, 2005.

2. 김은규, 『라디오 혁명』, 커뮤니케이션북스, 2013.

3. 김형곤, 『미디어와 문화』, 커뮤니케이션북스, 2015.

4. 김형호, 『라디오 탐심』, 틈새책방, 2021.

5. 남표, 『라디오 수신기의 역사』, 커뮤니케이션북스, 2013.

6. 송종현, 『모바일 미디어와 일상』, 커뮤니케이션북스, 2015.

7. 신동흔, 『모스에서 잡스까지』, 뜨인돌, 2018.

8. 이동후, 『모바일 미디어환경과 인간』, 커뮤니케이션북스, 2018.

9. 이재현, 『모바일 미디어』, 커뮤니케이션북스, 2013.

10. https://ko.wikipedia.org/wiki/ 대한민국의_라디오_방송사_목록

제2장. 라디오와 프로파간다
♪ 루스벨트 미국 대통령과 라디오

1. 마셜 맥루언, 김성기·이한우 옮김, 『미디어의 이해』, 민음사, 2022.

2. 요시미야, 송태욱 옮김, 『소리의 자본주의 : 전화, 라디오, 축음기의 사회사』, 이매진, 2005.

3. 김은규, 『라디오 혁명』, 커뮤니케이션북스, 2013.

4. 남표, 『라디오 수신기의 역사』, 커뮤니케이션북스, 2013.

5. https://en.wikipedia.org./wiki/Fireside_chats

6. Douglas B. Craig(2005), Fireside Politics: Radio and Political Culture in the United States, 1920-1940, Johns Hopkins Univ. Press.

7. Doris Keans Goodwin(1995), No Ordinary Time, Simon & Schuster.

♪ 아돌프 히틀러와 독일 국민 라디오 VE301

1. 이진구, "독일방송사", 한국방송학회 편, 『세계 방송의 역사』, 나남, 377-439, 1992.

2. 마셜 맥루언, 김성기·이한우 옮김, 『미디어의 이해』, 민음사, 2022.

3. 요시미야, 송태욱 옮김, 『소리의 자본주의 : 전화, 라디오, 축음기의 사회사』, 이매진, 2005.

4. 김은규, 『라디오 혁명』, 커뮤니케이션북스, 2013.

♪ 박정희 정부의 홍보정책과 금성 T-604 라디오

1. 김희숙, 「라디오의 정치: 1960년대 박정희 정부의 '농어촌 라디오 보내기 운동'」, 『한국과학사학회지』, 제38권 제3호, 425-451, 2016.

2. 금성사, 『금성사 이십오년사』, 금성사, 1982.

3. 김은규, 『라디오 혁명』, 커뮤니케이션북스, 2013.

4. 김해수, 『아버지의 라디오』, 느린걸음, 2007.

5. 한국방송학회 편, 『한국 방송의 사회문화사』, 한울아카데미, 2011.

6. 한국언론재단 편, 『한국의 미디어 사회문화사』, 한국언론재단, 2007.

제3장 한국의 라디오 방송과 저널리즘

♪ 1960년대 전후 한국의 라디오 대중문화 형성

1. 김영희, 「한국의 라디오시기의 라디오 수용현상」, 한국언론학회, 『한국언론학보』, 47권 1호, 140~166, 2005.

2. 백미숙, 「라디오의 사회문화사」, 유선영, 박용규, 이상길 외, 『한국의 미디어 사회문화사』, 한국언론재단, 2007.

3. 조항제, 「한국방송의 근대적 드라마의 기원에 관한 연구: 〈청실홍실〉을 중심으로」, 『언론과 사회』, 13권 1호, 6~45, 2005.

4. 주창윤, 「1960년 전후 라디오 문화의 형성 과정」, 한국방송학회 엮음, 『한국 방송의 사회문화사』, 한울아카데미, 2011.

5. 유선영, 박용규, 이상길 외, 『한국의 미디어 사회문화사』, 한국언론재단, 2007.

6. 최창봉, 강현두, 『우리 방송 100년』, 현암사, 2001.

7. 한국방송공사, 『한국방송사』, 한국방송공사, 1977.

8. 한국방송인협회, 『한국방송연감 1966』, 1966.

9. 한국방송학회 엮음, 『한국 방송의 사회문화사』, 한울아카데미, 2011.

♪ 한국 라디오 방송 전성시대를 연 〈청실홍실〉

1. 김영희, 「한국의 라디오시기의 라디오 수용현상」, 한국언론학회, 『한국언론학보』, 47권 1호, 140~166, 2005.

2. 백미숙, 「라디오의 사회문화사」, 유선영, 박용규, 이상길 외, 『한국의 미디어 사회문화사』, 한국언론재단, 2007.

3. 조항제, 「한국방송의 근대적 드라마의 기원에 관한 연구: 〈청실홍실〉을 중심으로」, 『언론과 사회』, 13권 1호, 6~45, 2005.

4. 주창윤, 「1960년 전후 라디오 문화의 형성 과정」, 한국방송학회 엮음, 『한국 방송의 사회문화사』, 한울아카데미, 2011.

5. 『방송』 편집부, 「연속방송의 다이제스트」, 『방송』 겨울호 44~47, 1959.

6. 유선영, 박용규, 이상길 외, 『한국의 미디어 사회문화사』, 한국언론재단, 2007.

7. 윤태진, 김정환, 조지훈, 『성우들의 歷程 한국 라디오 드라마사 통사』, 나무와 숲, 2015.

8. 이영일, 『한국영화전사』, 한국영화인협회, 1969.

9. 최창봉, 강현두, 『우리 방송 100년』, 현암사, 2001.

10. 한국방송학회 엮음, 『한국 방송의 사회문화사』, 한울아카데미, 2011.

♪ 한국의 라디오 전성기 음악방송

1. 김영희, 「일제시기 라디오의 출현과 청취자」, 한국언론학회, 『한국언론학보』, 제46권 2호, 150~183, 2002.

2. 김영희, 「한국의 라디오시기의 라디오 수용현상」, 한국언론학회, 『한국언론학보』, 제47권 1호, 140~166, 2005.

3. 백미숙, 「라디오의 사회문화사」, 유선영, 박용규, 이상길 외, 『한국의 미디어 사회문화사』, 한국언론재단, 2007.

4. 신현준, 「소리 미디어의 사회문화사」, 유선영, 박용규, 이상길 외, 『한국의 미디어 사회문화사』, 한국언론재단, 2007.

5. 주창윤, 「1960년 전후 라디오 문화의 형성 과정」, 한국방송학회 엮음, 『한국 방송의 사회문화사』, 한울아카데미, 2011.

6. 김은규, 『라디오 혁명』, 커뮤니케이션북스, 2013.

7. 유선영, 박용규, 이상길 외, 『한국의 미디어 사회문화사』, 한국언론재단, 2007.

8. 최창봉, 강현두, 『우리 방송 100년』, 현암사, 2001.

9. 한국방송공사, 『한국방송사』, 한국방송공사, 1977.

10. 한국방송인협회, 『한국방송연감 1966』, 1966.

11. 한국방송학회 엮음, 『한국 방송의 사회문화사』, 한울아카데미, 2011.

♪ 텔레비전 시대의 한국의 라디오 방송

1. 김영희, 「한국의 라디오시기의 라디오 수용현상」, 한국언론학회, 『한국언론학보』, 제47권 1호, 140~166, 2005.

2. 백미숙, 「라디오의 사회문화사」, 유선영, 박용규, 이상길 외, 『한국의 미디어 사회문화사』, 한국언론재단, 2007.

3. 신현준, 「소리 미디어의 사회문화사」, 유선영, 박용규, 이상길 외, 『한국의 미디어 사회문화사』, 한국언론재단, 2007.

4. 주창윤, 「1960년 전후 라디오 문화의 형성 과정」, 한국방송학회 엮음, 『한국 방송의 사회문화사』, 한울아카데미, 2011.

5. 김은규, 『라디오 혁명』, 커뮤니케이션북스, 2013.

6. 유선영, 박용규, 이상길 외, 『한국의 미디어 사회문화사』, 한국언론재단, 2007.

7. 최창봉, 강현두, 『우리 방송 100년』, 현암사, 2001.

8. 한국방송공사, 『한국방송사』, 한국방송공사, 1977.

9. 한국방송인협회, 『한국방송연감 1966』, 1966.

10. 한국방송학회 엮음, 『한국 방송의 사회문화사』, 한울아카데미, 2011.

11. https://ko.wikipedia.org/wiki/ 대한민국의_라디오_방송사_목록

♪ 1960년대 한국의 라디오 저널리즘

1. 김세은, 「민주주의와 언론의 신뢰: '옳은' 언론과 '좋은' 언론에 대한 이론적 모색」, 『한국언론학보』, 제50권 5호, 55~78, 2006.

2. 백미숙, 「라디오의 사회문화사」, 유선영, 박용규, 이상길 외, 『한국의 미디어 사회문화사』, 한국언론재단, 2007.

3. 윤병일, 「한국의 방송변론: 방송은 언론이 아니다」, 《월간방송》 1971년 5월호.

4. 이덕근, 「방송의 의견기능과 한국의 배경적 조건에 대한 일고찰」, 《신문학보》 1969년 2호.

5. 이종숙, 「1960년대 라디오 저널리즘 이야기」, 한국방송학회 엮음, 『한국 방송의 사회문화사』, 한울아카데미, 2011.

6. 조항제, 「한국의 방송 프로그램에 대한 역사적 고찰(1945-1990): 뉴스와 드라마를 중심으로」, 한국방송학회 엮음, 『한국방송 70년의 평가와 전망』, 커뮤니케이션북스, 1997.

7. 김은규, 『라디오 혁명』, 커뮤니케이션북스, 2013.

8. 유선영, 박용규, 이상길 외, 『한국의 미디어 사회문화사』, 한국언론재단, 2007.

9. 최창봉, 강현두, 『우리 방송 100년』, 현암사, 2001.

10. 최현철·한진만, 『한국 라디오 프로그램에 대한 역사적 연구』, 한울, 2004.

11. 한국방송공사, 『한국방송사』, 한국방송공사, 1977.

12. 한국방송인협회, 『한국방송연감 1966』, 1966.

13. 한국방송학회 엮음, 『한국방송 70년의 평가와 전망』, 커뮤니케이션북스, 1997.

14. 한국방송학회 엮음, 『한국 방송의 사회문화사』, 한울아카데미, 2011.

제 4장. 한국의 시에 나타난 라디오

1. 『김수영 전집 1 詩』, 민음사, 2000.

2. 『김수영 전집 2 散文』, 민음사, 2001.

3. 김언, 『소설을 쓰자』, 민음사, 2009.

4. 김은규, 『라디오 혁명』, 커뮤니케이션북스, 2013.

5. 김응교, 『김수영, 시로 쓴 자서전 1921~1968』, 삼인, 2021.

6. 김제욱, 『라디오 무덤』, 한국문연, 2017.

7. 김형술, 『나비의 침대』, 천년의 시작, 2002.

8. 마셜 맥루언, 김성기·이한우 옮김, 『미디어의 이해』, 민음사, 2022.

9. 박노해, 『노동의 새벽』, 풀빛, 1984.

10. 박해림, 『고요, 혹은 떨림』, 고요아침, 2004.

11. 염무웅, 『한국 현대시 - 그 문학사적 맥락을 찾아서』, 사무사책방, 2021.
12. 이웅인, 『은행잎 편지와 밤비 라디오』, 단비, 2022
13. 최영미, 『서른, 잔치는 끝났다』, 창작과비평사, 1994
14. 김언, 『소설을 쓰자』, 민음사, 2009
15. 김제욱, 『라디오 무덤』, 한국문연, 2017
16. 장선아, 『라디오 포옹』, 문학시티, 2015
17. 요시미야, 송태욱 옮김, 『소리의 자본주의: 전화, 라디오, 축음기의 사회사』, 이매진, 2005
18. 옥따비오 빠스, 김홍근·김은중 옮김, 『활과 리라』, 솔, 1998
19. 김은규, 『라디오 혁명』, 커뮤니케이션북스, 2013
20. 마셜 맥루언, 김성기·이한우 옮김, 『미디어의 이해』, 민음사, 2022
13. 요시미야, 송태욱 옮김, 『소리의 자본주의: 전화, 라디오, 축음기의 사회사』, 이매진, 2005.
14. 유하, 『세운상가 키드의 사랑』, 문학과지성사, 1995.
15. 윤제림, 『새의 얼굴』, 문학동네, 2013.
16. 이웅인, 『은행잎 편지와 밤비 라디오』, 단비, 2022.
17. 조성례, 『가을을 수선하다』, 지혜, 2017.
18. 장석남, 『지금은 간신히 아무도 그립지 않을 무렵』, 문학과지성사, 1995.
19. 장선아, 『라디오 포옹』, 문학시티, 2015.
20. 장정일, 『길 안에서의 택시 잡기』, 민음사, 1988.
21. 최영미, 『서른, 잔치는 끝났다』, 창작과비평사, 1994.

라디오 새로 듣기

2024년 7월 9일 초판 1쇄 발행

지은이	백좌흠
펴낸이	권진회
부장	김경민
편집	이가람
디자인	이희은

펴낸곳	경상국립대학교출판부 ｜ 출판등록 1989년 1월 7일 제16호
주소	경남 진주시 진주대로 501
전화번호	055) 772-0801(편집), 0802(디자인), 0803(도서 주문)
팩스	055) 772-0809
전자우편	gspress@gnu.ac.kr
홈페이지	http://gspress.gnu.ac.kr
페이스북	https://www.facebook.com/gnupub
블로그	https://blog.naver.com/gnupress12
인스타그램	@gnupress